LA
VALLÉE HEUREUSE,
OU
LE PRINCE
MÉCONTENT DE SON SORT.

LA VALLÉE HEUREUSE,

OU

LE PRINCE

MÉCONTENT DE SON SORT,

Par JOHNSON, auteur du Dictionnaire anglais;

HISTOIRE PHILOSOPHIQUE,

Traduite de l'anglais par LOUIS, auteur d'un Abrégé de l'*Histoire des Empereurs*, et traducteur du *Manuel des Classes* et autres Ouvrages.

―――――

A PARIS,

Chez MARCHAND, Libraire, Palais du Tribunat, Galerie de bois, Passage Valois, n°. 188; et au Passage Feydau, n°. 24.

―――

De l'Imprimerie de RILLIOT, rue St.-Antoine, Hôtel Beauvais, n°. 324.
An XI (1803).

AVIS DU TRADUCTEUR.

CET ouvrage de JHONSON, l'un des meilleurs écrivains anglais, a eu un très-grand succès. Tous les lecteurs, qui s'étoient intéressés à Rasselas et à sa sœur errant dans le monde et cherchant le bonheur, étendirent leur curiosité jusqu'à leur retour dans la *Vallée heureuse*, et désirèrent savoir s'ils y avoient enfin trouvé un sort plus heureux. Un estimable auteur anglais, en satisfaisant la curiosité des lecteurs, voulut en profiter, et donna la suite de cet ouvrage. Si les lecteurs français s'intéressent aussi vivement au prince abissinien, je me propose de leur faire connoître ce qui lui est arrivé à son retour dans la vallée heureuse, en leur donnant la traduction de l'ouvrage anglais.

PRÉFACE
DU TRADUCTEUR.

Si les hommes ne dévioient pas si souvent des principes de la sagesse; s'ils avoient toujours présentes à l'esprit les meilleures règles de conduite, pour les appliquer aux actions de la vie, la condition de l'humanité ne seroit pas si malheureuse. Tous nos maux viennent de nous, ou plutôt de la société dans laquelle nous vivons. Nous naissons tous avec plus ou moins de tendance vers le bien, et c'est le sentiment de tous les observateurs les plus expérimentés, de tous les philosophes les plus instruits, que nous n'apportons en naissant aucune inclination pour le mal. Si telle est la disposition naturelle des hommes, si donc nous recevons de la nature un caractère doux et bienfaisant, où chercherons-nous la cause de tous les vices qui nous dévorent et dévorent les autres? Je l'ai déjà dit, dans la société. Comme dans une association immense d'hommes, où règnent toutes sortes d'arts inventés et perfectionnés pour exciter les sens, pour entretenir l'orgueil et alimenter le luxe, chaque membre se faisant illusion sur de faux plaisirs, est porté de lui-même ou par l'exemple à consommer le plus en frivolités les produits de ces mêmes arts, il suit qu'il doit y avoir partage inégal de biens entre ceux qui forment la société. Delà les rivalités, les jalousies, l'hypocrisie, l'astuce, la trahison, qui n'existeroient pas si la bonne foi régnoit dans la communauté. Voilà les vices sur lesquels reposent presque toutes les sociétés civilisées, qui s'ils n'étoient contrebalancés par quelques vertus assez fortes pour les contenir dans leurs limites, dissoudroient en vingt-quatre heures toutes les associations policées, et feroient rentrer les peuples dans l'état de nature. Malgré les maux que produit la civilisation, il n'en est pas moins vrai que tout compensé, tout pesé, tout comparé, il vaut infiniment mieux vivre en corps de nation, que de vivre sauvage. C'est le sentiment de tout être qui pense, c'est celui de tous les philosophes qui ont écrit avec impartialité. Sans nous engager trop loin dans une matière qui demanderoit une autre plume que la nôtre, et un cadre plus étendu que ne le comporte une préface, nous rentrons dans notre sujet, nous contentant de tracer rapidement les maux qu'offre la vie civile, et indiquant pour remède l'ouvrage de JOHNSON, que nous mettons au jour.

Il est certain qu'en général personne n'est content de sa condition, et que chacun envie celle des autres. Voilà un des soucis qui fait le plus de mal parmi les hommes. Celui qui peut se mettre au-dessus de cette foiblesse, est une ame forte et plus près du bonheur que les autres. La félicité consiste dans le caractère ou la manière de saisir le véritable rapport des choses, de les sentir et d'avoir le courage de secouer les préjugés dominans. Ceci s'applique seulement à tous ceux chez qui l'éducation ou le jugement naturel a quelque influence; car il est un autre caractère, qui né indifférent pour tout, n'a aucun effort à faire pour se débarrasser des chaînes qui lient les autres, et qui par conséquent n'a point d'énergie. Mais comme les hommes de cette trempe ne sont pas fort communs, nous n'en parlerons point, et traiterons de ce qui a rapport au plus grand nombre.

Il est clair que si l'homme se croyoit heureux, il le seroit. Pour arriver à ce but desiré de tout le monde, que faut-il faire? Refléchir et comparer. Il n'est point de condition qui n'ait ses peines et ses plaisirs, et celle qui a le moins des premières, est la meilleure. Les états que l'on envie ordinairement sont les plus malheureux de tous. Le prince est souvent plus infortuné que le dernier de ses sujets. « Il est trahi par des ministres pervers, dit JOHNSON, et trompé par des ministres ignorans. Le crime de l'un et l'erreur de l'autre lui font commettre des injustices dont il doit supporter les suites, » et quoique les peuples à leur tour soient nécessairement obligés, pour réparer le mal, de payer de leurs personnes ou de leurs fortunes, le chef de l'état n'en goûte pas moins le premier l'amertume qui, comme elle est plus immédiate, et le touche de plus près, est toujours la plus révoltante. L'affront qu'il boit, de quelque source qu'il vienne, soit du désir d'avoir voulu faire le bien, ou de l'ambition, est toujours accablant et détruit le repos de celui sur qui roulent les destinées de millions d'hommes. Et si nous joignons à ces contretems fâcheux, les anxiétés de projets éclos ou à éclorre, la crainte d'ennemis sourds qui peuvent attenter à sa vie, par le poison, par le fer, ou par les conspirations; les rivalités, les jalousies de ceux qui l'entourent, l'embaras incompréhensible que donne le gouvernement de tant d'esprits divers et mécontens, si, dis-je, nous joignons tous ces désagrémens, on trouvera que la condition d'un prince est peut-être la pire de toutes.

L'opulent n'est guères plus heureux. Blasé sur tous les plaisirs, il n'en goûte aucun. Voyez le visage d'un homme riche et celui d'un artisan aisé. L'ennui, l'angoisse, les tourmens de l'oisiveté, la nonchalance, la mauvaise santé, fruit de ses excès, sont peints sur la physionomie du premier. La gaîté, le contentement, le sourire, la force d'une bonne complexion, brillent dans les traits de l'autre.

Le marchand a aussi sa portion de maux attachés à la vie humaine. La moindre perte qu'il fait dans le commerce lui est plus sensible que le gain le plus considérable. Ses spéculations détruisent son repos; il y rêve jour et nuit, et si elles ne réussissent pas à son gré, il devient sombre, bourru, mélancolique, et quelquefois gagne une maladie qui le conduit au tombeau.

Reste l'artisan, ou la classe ouvrière. Si celui-ci n'a point à craindre les angoisses du prince, le dégoût des plaisirs de l'opulent ni les inquiétudes du commerçant, son lot n'est guères meilleur. L'indigence, l'horrible indigence frappe de tems en tems à sa porte, et s'introduit quelquefois dans sa maison malgré les armes de son industrie. Cependant, tout considéré, s'il n'est pas déchiré trop souvent par cette furie, sa condition est moins mauvaise que celle des autres. Tels sont en racourci les différens états de la vie, et les maux qu'ils offrent.

JOHNSON, célèbre écrivain anglais, a consacré sa plume à les peindre sous leur véritable couleur dans un ouvrage philosophique qui pour porter le titre général de roman, n'en mérite pas moins d'être distingué éminemment de la foule. C'est un livre fortement pensé, plein de vérités faites pour remuer l'ame du lecteur. L'on n'y trouve point comme dans tant d'autres brochures, des intrigues et des aventures, mais un tableau vrai de toutes les conditions. Les journaux anglais en ont fait le plus grand éloge, et l'ont mis en parallèle avec le meilleur roman de VOLTAIRE. Je ne me crois pas assez savant pour décider sur cette matière, je la laisse à des connoisseurs plus instruits. Quel que soit son degré de mérite, j'assure en mon particulier qu'il en a un puissant, celui de faire voir les maux qui rendent l'homme misérable, et d'indiquer le moyen de s'en préserver ou de les adoucir.

TABLE DES CHAPITRES.

CHAPITRE PREMIER. Description d'un palais dans une vallée, ... page 1

CHAP. II. Rasselas se déplait dans la vallée heureuse, ... 5

CHAP. IV. Le prince continue de s'affliger et de méditer, ... 13

CHAP. V. Le prince médite son évasion, ... 18

CHAP. VI. Dissertation sur l'art de voler, ... 20

CHAP. VII. Le prince rencontre un homme de lettres, ... 26

CHAP. VIII. Histoire d'Imlac, . . 28

CHAP. IX. Suite de l'histoire d'Imlac, ... 34

CHAP. X Suite de l'histoire d'Imlac. Dissertation sur la poésie, . 38

CHAP. XI. Suite de l'histoire d'Imlac. Une idée sur le pélerinage, ... 43

CHAP. XII. Suite de l'histoire d'Imlac, ... 49
CHAP. XIII. Rasselas découvre les moyens de s'échapper . . . 56
CHAP. XIV. Rasselas et Imlac reçoivent une visite inattendue, . 59
CHAP. XV. Le prince et la princesse quittent la vallée, et voient plusieurs merveilles, ... 62
CHAP. XVI. Ils entrent au Caire et trouvent tous les hommes heureux, ... 65
CHAP. XVII. Le prince s'associe avec des jeunes gens folâtres et dissipés, ... 70
CHAP. XVIII. Le prince trouve un homme sage et heureux, . 72
CPAP. XIX. Une lueur de la vie pastorale, ... 77
CHAP. XX. Le danger de la prospérité 79
CHAP XXI. Le bonheur de la solitude. Histoire de l'hermite. 81
CHAP. XXII. Le bonheur d'une vie menée suivant la nature. 85
CHAP. XXIII. Le prince et sa sœur partagent entr'eux le travail de l'observation 90
CHAP. XXIV. Le prince examine le bonheur des hautes conditions 91

CHAP. XXV. *La princesse poursuit ses recherches avec plus de diligence que de succès.* . . . 93

CHAP. XXVI. *La princesse continue ses remarques sur la vie privée.* 97

CHAP. XXVII. *Recherche sur la grandeur* 101

CHAP. XXVIII. *Rasselas et Nekayah continuent leur conversation.* 103

CHAP. XXIX. *Continuation du débat sur le mariage.* 109

CHAP. XXX. *Imlac entre et change la conversation.* . . . 115

CHAP. XXXI. *Ils visitent les pyramides.* 120

CHAP. XXXII. *Ils entrent dans la pyramide* 124

CHAP. XXXIII. *La princesse éprouve un malheur inattendu.* 116

CHAP. XXXIV. *Ils retournent au Caire sans Pekuah.* . . . 128

CHAP. XXXV. *La princesse languit de l'absence de Pekuah.* 133

CHAP. XXXVI. *Pekuah est toujours présente au souvenir de la princesse* 138

CHAP. XXXVII. *La princesse apprend des nouvelles de Pekuah.* 140

CHAP. XXXVIII. *Aventures de Pekuah*............ 142
XXXIX. *Suite des aventures de Pekuah*....... 148
XL. *Histoire d'un savant*. 157
XLI. *L'astronome découvre la cause de son inquiétude*............ 160
XLII. *L'opinion de l'astronome est expliquée et justifiée*,............ 162
XLIII. *L'astronome laisse ses instructions à Imlac*, . . 165
XLIV. *Le danger de la force de l'imagination*, . . . 167
Conversation avec un vieillard,............ 171
XLV. *La princesse et Pekuah visitent l'astronome*, . . 176
XLVI. *Le prince entre et change le sujet de la conversation*,............ 185
XLVII. *Imlac discourt sur la nature de l'ame*, ... 190
XLVIII. *Conclusion dans laquelle rien n'est conclu*, . 177

LA VALLÉE HEUREUSE,

OU

LE PRINCE

MÉCONTENT DE SON SORT.

CHAPITRE PREMIER.

Description d'un palais dans une vallée.

Vous qui vous laissez aller aux écarts de l'imagination et poursuivez avec ardeur les fantômes de l'espérance; qui vous attendez que l'âge réalisera les promesses de la jeunesse, et que ce qui vous manque aujourd'hui vous sera accordé par le jour de demain, écoutez l'histoire de Rasselas, prince d'Abissinie.

Rasselas étoit le quatrième fils du puissant empereur dans les états duquel commence le cours du père des fleuves, dont la bonté verse les eaux d'abondance et répand sur le monde les moissons de l'Egypte.

Suivant la coutume qui a été transmise d'âge en âge aux monarques de la zône torride, Rasselas fut confiné dans un palais particulier avec les autres fils et filles de la famille royale abissinienne, jusqu'à ce que l'ordre de la succession l'appelât au trône.

Le lieu que la sagesse ou la politique des tems anciens avoit destiné pour la résidence des princes abissiniens, étoit une vallée spacieuse dans le royaume d'Amhara, environnée de tous côtés par des montagnes dont les cimes penchoient sur la partie du milieu. Le seul endroit par où l'on pût pénétrer dans cette vallée, étoit une caverne qui passoit sous un roc, de laquelle on auroit eu peine à dire si elle étoit l'ouvrage de la nature ou celui des hommes. L'extérieur de la caverne étoit caché par un bois épais, et l'entrée qui donnoit dans la vallée, étoit fermée avec une porte de bronze, forgée par les ouvriers des tems antiques, et si énorme qu'aucun homme ne pouvoit l'ouvrir ni la fermer qu'à l'aide de machines.

De chaque penchant des montagnes jaillissoient des ruisseaux qui répandoient dans toute la vallée la verdure et la fertilité, et formoient, au milieu, un lac habité par toutes sortes de poissons, et fréquenté par tous les oiseaux aquatiques. Ce lac déchargeoit le superflu de ses eaux par un courant qui pénétroit dans une crevasse obscure sur le côté septentrional de la montagne, et tomboit avec un bruit horrible de précipice en précipice jusqu'à ce qu'il ne fût plus entendu.

Le penchant des montagnes étoit couvert

d'arbres, et le bord des ruisseaux tapissé de fleurs agréablement diversifiées. Chaque bouffée faisoit tomber les aromates des rochers, et chaque mois apportoit des fruits sur la terre. Tous les animaux privés ou sauvages qui paissoient l'herbe ou broutoient l'arbrisseau, erroient dans cette vaste enceinte, à l'abri des bêtes de proie, par les montagnes qui les arrêtoient. D'un côté étoient les troupeaux dans les pâturages ; de l'autre toutes les bêtes fauves bondissant dans le parc. Ici on voyoit le pétulant chevreau grimper sur les rochers ; là l'adroit singe bouder sur les arbres ; plus loin, le grave éléphant se reposant à l'ombre. On y trouvoit toutes les variétés du monde ; on y jouissoit de tous les bienfaits de la nature, sans supporter ses maux.

La vallée, vaste et fertile, fournissoit à ses habitans toutes les choses nécessaires à la vie ; et on augmentoit leurs délices et leurs superfluités, à la visite annuelle que l'empereur faisoit à ses enfans. A son arrivée, la porte de bronze s'ouvroit au son de la musique ; et durant huit jours tous ceux qui demeuroient dans la vallée étoient requis de proposer tout ce qui pouvoit contribuer à remplir le vide de l'attention et diminuer la longueur du tems. Chaque desir étoit aussitôt satisfait. On appeloit tous ceux qui pouvoient ajouter à la joie et aux plaisirs; les musiciens montroient devant les princes le pouvoir de l'harmonie, et les danseurs leur agilité, dans l'espoir de passer leur vie dans l'heureuse captivité où l'on n'admettoit que ceux que l'on jugeoit capables d'augmenter les jouissances du lieu. Tel étoit l'aspect de sécurité et de bonheur qu'offroit cette retraite, que ceux pour qui elle étoit nouvelle, désiroient toujours qu'elle pût être éternelle; et comme ceux, sur qui la porte de bronze étoit une fois fermée, ne pouvoient plus en sortir, on ne pouvoit savoir comment s'y trouvoient ceux qui y demeuroient depuis long-tems. Ainsi chaque année produisoit de nouveaux plans de plaisirs, et de nouveaux compétiteurs pour habiter la vallée heureuse.

Le palais assis sur une éminence s'élevoit d'environ trente pas au-dessus de la surface du lac. Il étoit divisé en plusieurs carrés ou cours, bâties avec plus ou moins de magnificence, suivant le rang de ceux pour qui elles étoient destinées. Les toits étoient faits en arceaux de pierres massives jointes par un ciment que le tems durcissoit encore, et le bâtiment bravoit de siècle en siècle les pluies solsticiales et les ouragans équinoctiaux, sans avoir besoin de réparation.

Cette maison, vaste au point qu'elle n'étoit parfaitement connue que de quelques officiers qui successivement héritoient des secrets du lieu, étoit bâtie comme si le soupçon lui-même en eût dicté le plan. Chaque chambre avoit un passage ouvert et secret, chaque cour communiquoit avec le reste, soit avec les étages supérieurs par des galeries dérobées, ou par des passages souterrains avec les appartemens inférieurs. Plusieurs colonnes avoient des cavités secrètes où une longue suite de monarques avoient déposé leurs trésors. L'entrée en étoit fermée avec du marbre qui n'étoit levé que dans les plus grandes détresses du royaume; et l'état de ces trésors étoit consigné sur un livre caché dans une tour où n'entroit que l'empereur accompagné du prince héritier présomptif de la couronne.

CHAPITRE II.

Rasselas se déplaît dans la vallée heureuse.

C'EST là que les fils et filles du monarque abissinien ne vivoient que pour connoître les douces vicissitudes du plaisir et du repos, ayant à leurs ordres tous ceux jugés capables de créer de nouvelles délices, et jouissant de tous les plaisirs qui peuvent satisfaire les sens. Ils se promenoient dans des jardins odoriférans et reposoient dans des forteresses de sûreté. On mettoit tout en œuvre pour leur rendre agréable leur condition. Les philosophes qui les instruisoient, ne les entretenoient que des misères de la vie publique, et leur représentoient tous les pays au-delà des montagnes comme des régions de calamité, toujours en proie aux fureurs de la discorde et où l'homme voloit son semblable. Pour leur donner une haute opinion de leur bonheur, on chantoit tous les jours en leur présence des hymnes dont le sujet étoit la vallée heureuse. Leurs desirs étoient excités par de fréquentes énumérations de différentes jouissances, et le plaisir et la joie étoient l'occupation de toutes les heures, depuis la pointe du jour jusqu'à la clôture du soir.

Ces méthodes avoient généralement du succès; peu d'entre les princes avoient même desiré étendre leurs bornes, mais passoient leur vie dans la parfaite conviction qu'ils avoient à leur disposition tout ce que l'art et la nature pouvoient fournir, et plaignoient ceux que le destin avoit exclus de cette tranquille retraite, comme le jouet de la fortune et les esclaves de la misère.

Tous se levoient le matin et se couchoient le soir satisfaits les uns des autres et d'eux-mêmes, excepté Rasselas qui, dans la 26ᵉ année de son âge, commença à s'éloigner des plaisirs et des assemblées, et à se complaire dans des promenades solitaires et dans une méditation silencieuse. Souvent assis devant des tables couvertes des méts les plus exquis, il oublioit de goûter à ceux qui etoient placés devant lui ; il se levoit brusquement au milieu du chant, et se retiroit à la hâte loin du son de la musique. Ses courtisans observèrent ce changement, et s'efforcèrent de rappeler le prince à l'amour du plaisir ; il négligea leur prévenance, repoussa leurs invitations, et passoit des jours entiers sur le bord des ruisseaux, à l'ombre des arbres, où tantôt il écoutoit les oiseaux sur les branches ; tantôt observoit les poissons se jouant dans le courant du ruisseau et tantôt promenoit ses regards sur les pâturages et les montagnes couvertes d'animaux, dont les uns paissoient, et les autres dormoient parmi les buissons. Cette singularité de goût le fit beaucoup observer. Un des philosophes dont la conversation l'avoit charmé autrefois, le suivit secrètement, dans l'espoir de découvrir la cause de son trouble. Rasselas, qui croyoit n'être entendu de personne, après avoir fixé ses yeux quelque tems sur les chèvres qui broutoient parmi les rochers, commença à comparer leur condition avec la sienne.

« Que fait la différence, dit-il, entre l'homme et tout le reste de la création animale? Chaque bête qui erre à côté de moi a les mêmes nécessités corporelles que moi ; elle a faim, et elle pait l'herbe ; elle a soif, et elle s'abreuve dans le ruisseau ; sa faim et sa soif sont appaisées, elle est contente et elle dort ; elle se leve de nouveau et elle a faim ; elle pait de nouveau et elle dort. Comme elle, j'ai faim et soif, mais quand ma faim et ma soif sont appaisées, je ne suis point tranquille ; comme elle, j'ai des besoins, mais je ne suis point comme elle content, quand ils sont satisfaits. Les intervalles sont tristes et ennuyeux : je desire de nouveau avoir faim afin de pouvoir derechef exciter les soins et l'attention. Les oiseaux becquètent les grains de bled, et volent dans les bois où paroissant goûter le bonheur sur les branches, ils passent leur vie à tirer de leur gosier des sons variés et harmonieux. Je puis aussi appeler le joueur de luth et le chanteur, mais les sons qui me plaisoient hier m'ennuient aujourd'hui, et m'ennuieront encore davantage demain. Je ne puis découvrir en moi aucun sens qui ne jouisse du plaisir qui lui est propre, et cependant je ne me trouve point satisfait. L'homme a sans doute quelque sens caché pour lequel ce lieu n'offre aucune jouissance, ou il a quelques desirs distincts des sens, qui doivent être satisfaits avant qu'il puisse être heureux. »

Après qu'il eut fini, il leva la tête, et voyant la clarté de la lune, il se dirigea vers le palais. Comme il passoit à travers les champs, en voyant les animaux autour de lui, il dit :
« Vous êtes heureux, et vous ne voyez point d'un œil de jalousie que je me promène ainsi parmi vous, chargé du fardeau de moi-même ; non, doux animaux, je n'envie point votre félicité, car elle n'est point la félicité de l'homme. J'ai plusieurs misères dont vous êtes exempts ; je crains la peine quand je ne la sens point. Tantôt la pensée de maux imaginaires m'abat, et tantôt je tressaille à l'idée de maux anticipés. Sans doute l'équitable Providence a balancé les souffrances particulières par des jouissances aussi particulières. »

Telles étoient les observations que le prince s'amusoit en s'en retournant à prononcer d'une voix plaintive, mais avec un regard qui annonçoit qu'il ressentoit quelque satisfaction intérieure dans sa propre perspicacité, et trouvoit quelque consolation dans le sentiment de délicatesse avec laquelle il pensoit, et dans l'éloquence qu'il mettoit à déplorer les misères de la vie. Il partagea gaiment les plaisirs de la soirée, et tout le monde se réjouit de trouver que son cœur étoit déchargé.

CHAPITRE III.

Les besoins de celui qui ne manque de rien.

LE lendemain son vieux gouverneur, s'imaginant alors connoître le trouble de son esprit, espéroit le guérir par ses conseils, et chercha officieusement une occasion d'avoir un entretien avec lui; mais le prince, l'ayant considéré depuis long-tems comme un de ceux dont les facultés intellectuelles étoient épuisées, n'étoit pas disposé à la lui fournir. « Pourquoi, dit-il, cet homme se colle-t-il ainsi à mes pas? Jamais je n'oublierai ses leçons qui me plurent tant qu'elles furent nouvelles, mais qui, pour redevenir ce qu'elles étoient, doivent être oubliées. »

Alors il se promena dans le bois, abîmé dans ses méditations ordinaires, lorsqu'avant d'arrêter ses pensées sur aucun objet, il aperçut le vieillard à ses côtés. Son impatience lui suggéra d'abord de s'éloigner à la hâte ; mais, ne voulant pas offenser un homme qu'il avoit autrefois respecté, et chérissoit toujours ; il l'invita à s'asseoir à côté de lui.

Le vieillard, ainsi encouragé, commença à déplorer le changement qu'on avoit observé depuis peu chez le prince, et à lui demander pourquoi il fuyoit les plaisirs du palais, pour rechercher le silence et la solitude. « Je fuis le plaisir, dit le prince, parce que le plaisir a cessé de me plaire ; je suis solitaire, parce que je ne suis pas heureux et que je ne veux pas troubler par ma présence le bonheur des autres. »

—Vous êtes le premier, sire, dit le philosophe, qui vous plaignez d'être malheureux dans la vallée heureuse. J'espère vous convaincre que vos plaintes ne sont pas fondées. Vous avez ici à discrétion tout ce que l'empereur d'Abissinie peut fournir ; ici vous n'avez ni peine à essuyer, ni danger à courir, et cependant vous jouissez de tout ce que la peine ou le danger peuvent procurer. Regardez autour de vous, et dites-moi si vous avez un besoin qui ne soit pas satisfait. Si vous ne manquez de rien, comment pouvez-vous être malheureux ? »

—C'est parce que je ne manque de rien,

dit le prince, ou parce que je sais que je ne manque de rien que je me plains. Si j'avois quelque besoin connu, j'aurois un certain desir; ce desir exciteroit un effort, et alors je ne serois pas affligé de voir le soleil se retirer si lentement vers la montagne occidentale; je ne me lamenterois point lorsque le jour perce l'obscurité et que le sommeil ne me dérobe plus à moi-même. Quand je vois les chevreaux et les agneaux courir l'un après l'autre, je m'imagine que je serois heureux si j'avois quelque chose à poursuivre. Mais, possédant tout ce dont je puis avoir besoin, je trouve un jour et une heure exactement comme l'autre, excepté que la dernière est encore plus ennuyeuse que la première. Que votre expérience m'apprenne comment un jour peut maintenant paroître aussi court que dans mon enfance, où la nature étoit encore nouvelle et où chaque moment me montroit ce que je n'avois jamais observé auparavant. Je n'ai déjà eu que trop de jouissance; donnez-moi quelque chose à desirer. » Le vieillard, surpris de cette nouvelle espèce d'affliction, ne savoit que répondre; cependant ne voulant pas demeurer court : «Sire, dit-il, si vous aviez vu les misères du monde, vous sauriez mieux apprécier votre condition actuelle."

—Maintenant

« Maintenant, dit le prince, vous m'avez donné quelque chose à desirer; je serai impatient de voir les misères du monde, puisque leur vue est nécessaire au bonheur. »

CHAPITRE IV.

Le prince continue de s'affliger et de méditer.

Le son de la musique, qui annonça dans ce moment l'heure du repas, mit fin à la conversation. Le vieillard se retira assez chagrin de trouver que ses raisonnemens n'avoient produit que l'effet qu'il étoit dans son intention de prévenir. Mais, sur le déclin de la vie, la honte et le repentir sont de peu de durée, soit que nous supportions aisément ce que nous avons supporté long-tems, ou que, nous trouvant dans la vieillesse moins considérés, nous considérions moins les autres, ou que nous ne donnions qu'une légère attention à des maux auxquels on sait que la main de la mort est sur le point de mettre fin.

Le prince, dont les vues étoient fixées sur un espace plus vaste, ne put de sitôt calmer ses émotions. Il avoit été auparavant effrayé de la longueur de la vie que la nature lui promettoit, parce qu'il considéroit que dans un long tems on doit beaucoup souffrir: maintenant il se réjouissoit d'être jeune, parce que dans plusieurs années on peut faire beaucoup. Cette lueur d'espérance, la première qui se fût jamais élevée dans son esprit, ralluma le feu de la jeunesse sur ses joues, et donna un nouvel éclat à ses yeux. Il brûloit de faire quelque chose, quoiqu'il n'en connût point encore distinctement la fin ni les moyens. Il n'étoit plus mélancolique ni insociable; mais, se regardant comme maître d'un secret d'être heureux, dont il ne pouvoit jouir qu'en le cachant, il affecta d'être occupé de tous les plans de plaisir, et s'efforça de rendre agréable aux autres la condition dont il étoit lui-même ennuyé. Mais les plaisirs ne peuvent jamais être tellement multipliés ou continus, qu'ils ne laissent beaucoup d'intervalles vides; ceux qu'il avoit dans le jour ou pendant la nuit, il pouvoit les donner sans soupçon aux pensées solitaires. Le fardeau de la vie étoit beaucoup allégé; il se rendoit avec empressement dans les assemblées, parce qu'il supposoit la fréquence de sa présence nécessaire au succès de ses desseins; il se retiroit avec joie à part soi, parce qu'il avoit maintenant un sujet de pensée. Son principal amusement étoit de se représenter ce monde qu'il n'avoit jamais vu; de se placer dans différentes conditions; de s'embarrasser dans des difficultés imaginaires, et de s'engager dans des aventures extravagantes; mais la bienveillance animoit ses projets; il leur donnoit toujours pour but le soulagement du malheur, la découverte de la fraude, la défaite de l'oppression et la dispensation du bonheur.

Ainsi se passèrent vingt mois de la vie de Rasselas. Il étoit si occupé de ces pensées tumultueuses, qu'il oublia sa solitude réelle; et au milieu de ses préparatifs qu'il faisoit à tout moment pour les divers événemens des affaires humaines, il négligeoit de considérer par quels moyens il se mêleroit dans le monde.

Un jour qu'il étoit assis sur une éminence, il se représenta une orpheline à qui un perfide amant ravit sa petite dot, et criant après lui pour la ravoir. L'image avoit tellement frappé son esprit, qu'il se leva pour secourir la fille, et il courut pour saisir le voleur avec toute l'ardeur d'une poursuite réelle. La crainte anime naturellement la fuite du coupable. Rasselas ne put atteindre le fugitif avec ses plus grands efforts; mais résolu de fatiguer par la persévérance celui qu'il ne pouvoit surpasser en vîtesse, il le pressa jusqu'à ce que le pied de la montagne arrêtât sa course. Ici il rentra en lui-même, et sourit de son impétuosité inutile. Alors levant ses yeux sur la montagne : « Voilà le fatal obstacle qui empêche à-la-fois la jouissance du plaisir et l'exercice de la vertu. Combien y a-t-il que mes espérances et mes désirs ont volé au-delà de cette borne de ma vie, sans que j'aie encore jamais essayé de la franchir ? » Frappé de cette réflexion, il s'assit pour méditer, et se rappela que depuis qu'il résolut pour la première fois de s'échapper de sa prison, le soleil avoit passé deux fois sur sa tête dans son cours annuel. Il sentit alors une espèce de regret qu'il n'avoit jamais connu auparavant. Il considéra combien il eût pu faire dans le tems qu'il avoit passé, et qui ne laissoit rien de réel après lui. Il compara vingt mois avec la vie de l'homme. « Dans la vie, dit-il, on ne doit pas compter l'ignorance de l'enfance, ni la foiblesse de l'âge. Nous sommes long-tems avant d'être capables de penser, et nous perdons bien vîte le pouvoir d'agir. La véritable période de l'existence humaine peut être raisonnablement évaluée à quarante ans dont j'ai passé la vingt-quatrième partie à méditer. La perte que j'ai faite est certaine, parce que j'ai certainement possédé ce que j'ai perdu ; mais qui peut m'assurer de vingt mois à venir ? »

Le sentiment de sa propre folie le pénétra profondément, et il fut long-tems avant de pouvoir se réconcilier avec lui-même. « Le reste de mon tems, dit-il, a été perdu par le crime ou la folie de mes ancêtres, et par les absurdes institutions de mon pays ; je me le rappelle avec dégoût, quoique sans remords ; mais les mois que j'ai passés depuis qu'une nouvelle lumière a éclairé mon ame, depuis que j'ai formé un plan de félicité raisonnable, ont été prodigués par ma propre faute. J'ai perdu ce qui ne peut jamais être réparé : j'ai vu le soleil se lever et se coucher pendant vingt mois, comme un spectateur oisif de la lumière du ciel : durant ce tems les oiseaux ont quitté le nid de leur mère, et ont pris leur essor dans les airs et dans les bois : le chevreau a oublié la mammelle, et a appris par degrés à grimper sur les rochers pour chercher une nourriture indépendante. Moi seul n'ai fait aucuns progrès, et je suis toujours foible et ignorant. La lune, par plus de vingt changemens, m'avertissoit de l'écoulement de la vie ; le ruisseau qui rouloit à mes pieds me reprochoit mon inaction. Le luxe des plaisirs occupoit toute mon intelligence, et je méprisois également l'exemple de la terre et les instructions des planettes. Vingt mois sont passés, qui me les rendra ? »

Ces tristes méditations s'emparèrent de son esprit; il passa quatre mois à résoudre de ne plus perdre de tems en résolutions stériles, et fut excité à faire un plus vigoureux effort, en entendant une fille-de-chambre qui avoit cassé un vase de porcelaine, observer que ce qui ne peut être réparé ne doit pas être regretté.

Cette remarque fut avantageuse à Rasselas; et il se reprocha de n'avoir pas découvert combien il arrive souvent à l'esprit fatigué par son ardeur pour des vues éloignées, de négliger les vérités qui sont sous ses yeux. Il regretta pendant quelques heures son regret, et depuis ce tems s'appliqua tout entier à réfléchir sur les moyens de s'échapper de la vallée du bonheur.

CHAPITRE V.

Le Prince médite son évasion.

RASSELAS trouva alors qu'il seroit fort difficile d'exécuter ce qu'il étoit très-aisé de supposer effectué. En jettant les yeux autour de lui, il se vit enfermé par des barrières de la nature, qui n'avoient jamais été brisées, et par la porte par laquelle ne pouvoit plus sortir aucun de ceux qui l'avoient une fois passée. Pendant plusieurs semaines il grimpa sur les montagnes pour tâcher de découvrir quelque ouverture cachée par les buissons ; mais il trouva tous les sommets inaccessibles par leur saillie. Il désespéroit d'ouvrir la porte de bronze, car non-seulement tout le pouvoir de l'art l'avoit mise en sûreté, mais elle étoit toujours gardée par des sentinelles qui se relevoient successivement, et exposée par sa position, à l'observation continuelle de tous les habitans.

Il examina alors la caverne à travers laquelle le lac déchargeoit ses eaux, et regardant au fond au moment que le soleil en éclairoit l'entrée, il la trouva pleine de rochers brisés, qui quoiqu'ils permissent l'écoulement du ruisseau à travers plusieurs passages étroits, arrêteroient tout corps solide qui s'y introduiroit. Il s'en retourna découragé et abattu, mais, connoissant alors le bonheur de l'espérance, résolu de ne jamais se désespérer.

Il employa dix mois en recherches inutiles. Le tems toutefois passoit gaiment. Le matin il se levoit avec une nouvelle espérance ; le soir il s'applaudissoit de sa diligence, et la nuit il dormoit d'un profond sommeil après sa fatigue. Il trouva mille amusemens qui allégèrent sa peine et diversifièrent ses pensées. Il discerna les différens instincts des animaux, et les propriétés des plantes, et trouva l'endroit plein de merveilles dans la contemplation desquelles il se proposoit de chercher de la consolation, s'il ne pouvoit jamais réussir dans sa fuite; se réjouissant que ses efforts, quoique inutiles jusqu'ici, lui eussent procuré une source de recherches inépuisables.

Mais sa première curiosité n'en étoit pas moins vive; il résolut d'obtenir quelque connoissance des hommes. Son desir continuoit toujours, mais son espérance diminuoit. Il cessa d'examiner davantage les murs de sa prison, et de chercher par de nouvelles fatigues des interstices qu'il savoit ne pouvoir être trouvés, mais ne renonça pas pour cela à son dessein qu'il entretint toujours jusqu'à ce que le tems lui offrît quelque expédient pour l'accomplir.

CHAPITRE VI.

Dissertation sur l'art de voler.

Parmi les artistes qui avoient été attirés dans la vallée heureuse pour contribuer par leur travail aux commodités et aux plaisirs de ses habitans, étoit un homme célèbre par sa connoissance du pouvoir mécanique, qui avoit inventé plusieurs machines utiles et agréables. A l'aide d'une roue que le ruisseau faisoit tourner, il faisoit monter l'eau dans une tour, d'où elle étoit distribuée dans tous les appartemens du palais. Il éleva un pavillon dans le jardin, autour duquel il entretint un air toujours frais par le moyen de pluies artificielles. Un des bosquets destinés aux dames, étoit éventé par des éventails que des ruisseaux qui passoient à travers le bosquet, mettoient continuellement en mouvement; et des instrumens de musique étoient placés à des distances convenables, dont les uns jouoient par l'impulsion du vent, et d'autres par la force du courant.

Cet artiste recevoit quelquefois la visite de Rasselas qui aimoit toutes les sortes de connoissances, s'imaginant que le tems viendroit où toutes ces acquisitions lui seroient utiles dans le monde public. Il vint un jour pour s'amuser selon sa coutume, et trouva le mécanicien occupé à construire un char flottant : il vit que l'entreprise étoit praticable sur une surface unie, et en sollicita l'éxécution avec les termes d'une grande estime. L'artiste fut ravi de la haute considération que lui témoignoit le prince, et résolut de l'augmenter encore. « Sire, dit-il, vous n'avez vu qu'une petite partie de ce que les sciences mécaniques peuvent exécuter. Il y a long-tems que je pense qu'au lieu du transport lent des vaisseaux et des voitures, l'homme peut se servir du moyen plus rapide des ailes; que les régions de l'air sont ouvertes à la science, et que l'ignorance et la paresse doivent seules ramper sur la terre. »

Cette idée ralluma le desir du prince de passer les montagnes. Ayant vu ce que le mécanicien avoit déjà exécuté, il étoit disposé à croire qu'il pouvoit faire plus; cependant il résolut de pousser les questions plus loin avant de le prendre au mot. « Je crains, dit-il à l'artiste, que votre imagination ne l'emporte sur votre talent, et que vous ne me disiez maintenant plutôt ce que vous desirez, que ce que vous connoissez. Chaque animal a son élément qui lui est propre; les oiseaux ont l'air, et l'homme et les bêtes ont la terre. »

— De même, répliqua le mécanicien, les poissons ont l'eau où cependant les bêtes peuvent nager par nature, et les hommes par art. Celui qui peut nager, ne doit pas désespérer de voler. Nager est voler dans un fluide plus épais, et voler est nager dans un fluide plus subtil. Seulement nous devons proportionner notre pouvoir de résistance selon la différente densité de matière, à travers laquelle nous devons passer. Vous serez nécessairement porté par l'air, si vous pouvez renouveler une impulsion quelconque sur lui, assez rapide, pour que la seconde succède avant que l'effet de la première ait cessé. »

— Mais l'exercice de la nage, dit le prince, est fort pénible; les membres les plus robustes sont bientôt fatigués. Je crains que le vol ne soit encore plus violent et que les ailes ne soient d'aucun usage bien grand, si ce n'est qu'on puisse voler plus loin qu'on peut nager.

— La peine de s'élever de terre, dit l'artiste, sera grande, comme nous le voyons chez les oiseaux de basse-cour; mais à mesure que nous monterons plus haut, l'attraction de la terre et la gravité du corps diminueront par degrés jusqu'à ce que nous arrivions dans une région où l'homme flottera dans l'air sans aucune tendance à la chute: on n'aura besoin alors d'autre travail que de celui nécessaire pour avancer; ce que la moindre impulsion effectuera. Vous, sire, dont la curiosité est si grande, vous concevrez aisément avec quel plaisir un philosophe ailé, et planant dans les airs, verroit la terre et tous ses habitans roulant au-dessous de lui, et lui présentant successivement, par son mouvement diurne, toutes les contrées dans le même parallèle. Combien le spectateur aérien doit s'amuser en voyant la scène mouvante de la terre et de l'Océan, des cités et des déserts! en examinant avec une égale sécurité les foires de commerce, et les champs de batailles; les montagnes infestées par les barbares, et les régions fertiles réjouies par l'abondance, et heureuses par la paix! Avec quelle facilité nous tracerons alors toutes les branches du Nil! Comme nous passerons aisément sur les contrées lointaines et examinerons la face de la nature depuis une extrémité de la terre jusqu'à l'autre!»

— Tout ceci, dit le prince, est beaucoup à desirer; mais je crains qu'on ne puisse respirer dans ces régions de contemplation et de tranquillité. On m'a dit que la respiration est difficile sur les hautes montagnes, quoique de ces précipices si élevés qu'il y existe une grande ténuité d'air, il soit fort aisé de tomber. C'est pourquoi je soupçonne que d'une hauteur quelconque où on peut vivre, il peut y avoir du danger à en descendre trop vîte.

— On n'entreprendroit jamais rien, répondit l'artiste, s'il falloit d'abord réfuter toutes les objections possibles. Si vous voulez favoriser mon projet, j'essaierai le premier vol à mes propres risques. J'ai considéré la structure de tous les animaux volans, et ai trouvé les ailes de la chauve-souris comme les plus appropriées à la forme humaine. Sur ce modèle je commencerai mon entreprise demain, et dans un an j'espère prendre mon essor dans l'air loin de la malice et de la poursuite de l'homme. Mais je ne veux mettre la main à l'œuvre qu'à cette condition, que le secret ne sera point divulgué, et que vous ne me requerrez pas de faire des ailes pour d'autres que pour nous-mêmes. »

— Pourquoi, dit Rasselas, envieriez-vous aux autres un aussi grand avantage ? Tout art doit être découvert pour le bien général ; chaque homme a de grandes obligations aux autres, et doit payer le service qu'il a reçu. »

— Si les hommes étoient tous vertueux, répliqua l'artiste, je leur apprendrois avec beaucoup de plaisir à voler ; mais où seroit la sûreté des bons, si les méchans pouvoient à volonté les saisir au firmament ? Contre une armée voguant à travers les nuages, rien ne pourroit les mettre à couvert, ni murs, ni montagnes, ni mers. Un essaim de sauvages septentrionaux pourroit être porté sur le vent, et tomber avec une violence irrésistible sur la capitale d'une région fertile. Même cette vallée, la retraite des princes, le séjour du bonheur pourroit être violée par la descente subite de quelques-unes des nations nues qui fourmillent sur la côte de la mer méridionale. »

Le prince promit le secret, et attendit l'exécution avec quelque espérance du succès. Il visita l'ouvrage de tems en tems, observa ses progrès, et remarqua plusieurs inventions ingénieuses pour faciliter le mouvement, et unir la légéreté à la force. L'artiste étoit chaque jour plus certain qu'il laisseroit les vautours et les aigles derrière lui, et le prince partageoit son assurance.

Dans une année les ailes furent finies, et un matin fixé le mécanicien parut sur un petit promontoire pour prendre son essor. Il étendit un moment ses ailes pour recueillir l'air, puis s'élançant dans les airs, il tomba en un instant dans le lac. Ses ailes qui ne lui avoient été d'aucun usage dans l'air, le soutinrent sur l'eau, et le prince le tira à terre, moitié mort de frayeur et de chagrin.

CHAPITRE VII.

Le Prince rencontre un homme de lettres.

Rasselas ne fut pas beaucoup affligé de ce désastre, n'ayant espéré un événement plus heureux, que parce qu'il n'avoit pas d'autres moyens d'évasion en vue. Il persista toujours dans son dessein de quitter la vallée heureuse.

Son imagination ne savoit alors sur quoi

se fixer; il n'avoit aucune espérance d'entrer dans le monde ; et malgré tous ses efforts, le chagrin s'empara de lui par dégrés, et il commençoit à s'abandonner de nouveau à la tristesse, lorsque la saison pluvieuse, qui dans ces contrées est périodique, rendit incommode la promenade des bois.

La pluie continua plus long-tems et avec plus de violence qu'on ne l'avoit jamais vu: les nuages se brisoient sur les montagnes, et les torrents rouloient de tous côtés dans la plaine jusqu'à ce que la caverne fût trop étroite pour décharger les eaux. Le lac étoit débordé, et toute la surface de la vallée inondée. L'éminence sur laquelle le palais étoit bâtie et quelques autres endroits élevés, étoient tout ce que l'œil pouvoit maintenant découvrir. Les troupeaux quittèrent le pâturage, et les animaux farouches et paisibles se retirèrent dans les montagnes.

Cette inondation réduisit tous les princes aux plaisirs de la maison, et l'attention de Rasselas fut particulièrement attirée par un poëme qu'Imlac lut, sur les différentes conditions de l'humanité. Il ordonna au poète de le suivre dans son appartement, et de réciter ses vers une seconde fois ; alors entrant en conversation avec lui, il s'estima heureux d'avoir rencontré un homme qui connoissoit si bien le monde, et pouvoit peindre si habilement les scènes de la vie. Il fit un millier de questions sur des choses auxquelles, quoique communes aux autres mortels, son confinement depuis l'enfance l'avoit rendu étranger. Le poëte eut pitié de son ignorance, satisfit sa curiosité : il l'entretint toute la journée de nouveauté et d'instruction, de manière que le prince regretta la nécessité du sommeil et soupira après le lendemain qui devoit renouveler son plaisir.

Comme ils étoient assis à côté l'un de l'autre, le prince ordonna à Imlac de raconter son histoire, et de dire quel accident, ou quel motif l'avoit forcé de s'enfermer dans la vallée heureuse. Au moment que le poëte alloit commencer son récit, Rasselas fut appelé au concert, et obligé de retenir sa curiosité jusqu'au soir.

CHAPITRE VIII.

Histoire d'Imlac.

LA fin du jour est, dans les contrées de la zône torride, le seul tems du plaisir et du festin, aussi minuit sonna avant que la musique cessât et que les princesses se retirassent. Alors Rasselas fit venir son compagnon et lui dit de commencer l'histoire de sa vie.

« Sire, dit-il, mon histoire ne sera pas longue ; la vie consacrée à la science s'écoule dans le silence, et est fort peu remplie d'événemens. Parler en public, penser dans la solitude, lire et écouter, s'informer, et répondre aux informations, telle est l'occupation d'un homme de lettres. Il erre parmi le monde sans éclat ou sans crainte, et n'est connu et estimé que par des hommes comme lui.

« Je suis né dans le royaume de Goïama, à peu de distance de la source du Nil. Mon père étoit un riche marchand qui commerçoit entre les contrées intérieures de l'Afrique et les ports de la mer Rouge. Il étoit honnête, frugal et actif, mais avoit des sentimens peu élevés et une intelligence bornée : sa seule passion étoit d'être riche, et de cacher ses trésors de peur d'en être dépouillé par les gouverneurs de la province. »

— Assurément, dit le prince, mon père doit négliger les devoirs de sa charge, si quelqu'un dans ses états ose prendre ce qui appartient à un autre. Ne sait-il pas que les rois sont comptables de l'injustice qu'ils permettent comme de celle qu'ils font ? Si j'étois empereur, le dernier de mes sujets ne seroit point opprimé avec impunité : mon sang bout quand j'entens dire qu'un marchand n'ose jouir de ses gains honnêtes dans la crainte d'en être dépouillé par la rapacité du pouvoir. Nomme ce gouverneur qui vola le peuple, afin que je puisse déclarer ses crimes à l'empereur.

— Sire, dit Imlac, votre ardeur est l'effet naturel de la vertu animée par la jeunesse; le tems viendra que vous justifierez votre père et écouterez peut-être avec moins d'impatience le gouverneur. L'oppression, dans les états abissiniens, n'est ni fréquente ni soufferte; mois on n'a encore pu découvrir aucune forme de gouvernement qui pût prévenir entièrement la cruauté. La subordination suppose le pouvoir d'un côté et la sujétion de l'autre; et si le pouvoir est dans les mains des hommes, ils en abuseront quelquefois. La vigilance du suprême magistrat peut faire beaucoup, mais il restera toujours beaucoup à faire. Il ne peut jamais connoître tous les crimes qui sont commis, et peut rarement punir tous ceux qu'il connoît. »

— Je ne comprends pas ceci, reprit le prince, mais j'aime mieux t'écouter que de disputer. Continue ton histoire. »

« Mon père, reprit Imlac, n'eut d'abord

intention de me donner d'autre éducation que celle nécessaire pour le commerce ; et découvrant en moi une grande mémoire et une grande pénétration d'esprit, il déclara souvent qu'il esperoit que je serois quelque jour le plus riche de l'Abissinie. »

—Pourquoi, dit le prince, ton père desiroit-il augmenter ses richesses, puisqu'elles étoient déjà trop considérables pour qu'il osât les découvrir ou en jouir ? Je ne prétens pas douter de ta véracité, cependant les incompatibilités ne peuvent être vraies en même tems. «

—Sans doute, répondit Imlac, mais attribuées à l'homme, elles peuvent l'être. D'ailleurs la diversité n'est point incompatibilité. Mon père pouvoit attendre un tems plus sûr. Cependant quelque desir est nécessaire pour tenir la vie en mouvement, et celui dont les besoins réels sont satisfaits, doit admettre ceux de l'imagination. »

—Ceci, dit le prince, je puis le comprendre en quelque sorte. Je me repens de t'avoir interrompu. »

« Dans cet espoir, continua Imlac, il m'envoya à l'école ; mais quand j'eus une fois goûté les délices de la science, senti le plaisir de l'intelligence et l'orgueil de l'invention, je commençai à mépriser en silence les richesses, et résolus de déconcerter les desseins de mon père dont l'intelligence grossière me faisoit pitié. J'atteignis ma vingtième année avant que sa tendresse voulût m'exposer aux fatigues du voyage ; durant ce tems je fus instruit par différens maîtres dans toute la littérature de mon pays natal. Comme chaque heure m'apprenoit quelque chose de nouveau, je vécus dans une suite continuelle de jouissances ; mais à mesure que j'avançai vers la virilité, je perdis beaucoup du respect avec lequel j'avois été accoutumé de voir mes instituteurs, parce que, quand la leçon étoit finie, je ne les trouvois ni plus sages ni meilleurs que le commun des hommes.

» Enfin mon père résolut de m'initier dans le commerce, et ouvrant un de ses trésors souterrains, il compta dix mille pièces d'or. " Tenez, jeune homme, dit-il, voilà le capital avec lequel vous devez négocier. Je commençai avec moins que la cinquième partie, et vous voyez combien la diligence et l'économie l'ont augmentée. Si vous le dissipez par négligence ou par caprice, vous attendrez ma mort avant d'être riche : si dans quatre ans vous doublez votre capital, la subordination cessera entre nous, et nous vivrons ensemble comme amis et associés ; car je traiterai toujours comme égal, celui qui est également habile dans l'art de devenir riche. »

Nous mîmes notre argent sur des chameaux, le cachâmes dans des balles de marchandises de peu de prix, et prîmes notre route vers la côte de la mer Rouge. Quand je jetai les yeux sur l'étendue des mers, mon cœur bondit comme celui d'un prisonnier échappé. Je sentis s'élever dans mon esprit une curiosité inextinguible, et résolus de saisir cette occasion de voir les coutumes des autres nations, et d'étudier les sciences inconnues en Abissinie.

» Je me rappelai que mon père m'avoit obligé d'améliorer mon capital, non par une promesse que je ne devois pas violer, mais par une peine pécuniaire que j'avois la liberté d'encourir; en conséquence je résolus de satisfaire mon desir prédominant, et de boire aux fontaines de la science, pour éteindre la soif de curiosité.

» Comme j'étois supposé commercer indépendant de mon père et pour mon propre compte, il me fut aisé de découvrir le maître d'un vaisseau et de me procurer un passage pour quelque autre contrée. N'ayant aucuns motifs de préférence pour déterminer le lieu de mon voyage, tous les pays m'étoient indifférens pourvu que j'allasse dans un que je n'avois point encore vu. En conséquence je m'embarquai sur un vaisseau qui faisoit voile pour Surate, après avoir laissé une lettre pour mon père, dans laquelle je lui déclarois mon intention. »

CHAPITRE IX.

Suite de l'histoire d'Imlac.

Quand j'entrai pour la première fois sur la vaste plaine des mers, et que j'eus perdu la terre de vue, je regardai autour de moi avec une sorte de terreur agréable, et croyant mon ame agrandie par la perspective sans bornes, j'imaginai que je pouvois toujours la contempler sans satiété ; mais en peu de tems je devins ennuyé du spectacle d'une uniformité stérile qui ne me présentoit de nouveau que ce que j'avois déjà vu. Je descendis alors dans le vaisseau, et doutai pendant un instant si tous mes plaisirs à venir ne finiroient pas comme celui-ci dans le dégoût. Cependant, dis-je, assurément l'Océan et la terre sont fort différens ; la seule variété de l'eau est le repos et le mouvement ; mais la terre a des montagnes et des vallées, des déserts et des cités. Elle est habitée par des hommes de mœurs différentes et d'opinions contraires ; et je puis espérer de rencontrer la variété dans la vie, quoique je ne la trouvasse pas dans la nature.

» Cette pensée calma mon esprit et je m'amusai durant le voyage, tantôt à apprendre des matelots l'art de la navigation que je n'avois jamais pratiquée, et tantôt à former des plans de conduite, pour les différentes situations où je n'avois jamais été placé.

» J'étois presque ennuyé de mes amusemens de mer, lorsque nous débarquâmes heureusement à Surate. Je mis mon argent en sûreté, et après avoir fait quelques emplettes dont j'avois besoin, je me joignis à une caravanne qui passoit dans l'intérieur de la contrée. Mes compagnons conjecturant que j'étois riche, et voyant à mes questions et à mon admiration que j'étois ignorant, me considérèrent comme un novice qu'ils avoient droit de tromper, et qui devoit apprendre aux dépens ordinaires l'art de la fraude. Ils m'exposèrent au pillage des valets, et aux exactions des officiers, sans autre avantage pour eux-mêmes que de se réjouir de la supériorité de leur connoissance. »

— Arrêtez un moment, dit le prince. Y a-t-il un telle dépravation chez l'homme, qu'il feroit tort à un autre sans en tirer de bénéfice pour lui-même? Je puis concevoir aisément que tous aiment la supériorité; mais votre ignorance étoit purement accidentelle, et n'étant ni votre faute ni votre folie, ne pouvoit leur fournir aucun motif de s'applaudir; et la connoissance qu'ils avoient et qui vous manquoit, ils pouvoient aussi bien la montrer en vous instruisant qu'en vous trahissant.

— L'orgueil, dit Imlac, est rarement délicat; il se plaît à recueillir des avantages fort vils, et l'envie ne se trouve heureuse que quand elle peut être comparée avec la misère des autres. Ils étoient mes ennemis, parce qu'ils s'affligeoient de me croire riche, et mes oppresseurs parce qu'ils se réjouissoient de me trouver foible.»

— Continuez, dit le prince, je ne doute point des faits que vous racontez; mais j'imagine que vous les imputez à des motifs erronés.

«Dans cette compagnie, dit Imlac, j'arrivai à Agra, capitale de l'Indostan et la résidence ordinaire du Grand-Mogol. Je m'appliquai à la langue du pays, et en peu de mois fus capable de converser avec les savans, que je trouvai les uns moroses et réservés, et les autres aisés et communicatifs: les uns n'étoient pas disposés à apprendre à un autre ce qu'ils avoient appris eux-mêmes avec difficulté; et les autres montrèrent que le but de leurs études

études étoit d'obtenir l'honneur d'instruire. Je sus si bien me recommander au gouverneur des jeunes princes, que je fus présenté à l'empereur qui passoit pour un homme d'un rare savoir. L'empereur me fit plusieurs questions concernant mon pays et mes voyages; et quoique je ne me rappelle pas maintenant lui avoir entendu prononcer rien qui annonçât un homme extraordinaire, il me renvoya étonné de sa sagesse et épris de sa bonté.

« Mon crédit devint alors si grand, que les marchands avec qui j'avois voyagé réclamèrent ma recommandation auprès des dames de la cour. Je fus surpris de la hardiesse de leurs sollicitations, et leur reprochai avec douceur les tours qu'ils m'avoient joués sur la route. Ils m'écoutèrent avec une froide indifférence, et ne donnèrent aucune marque de honte ni de repentir.

» Ils étayèrent alors leur requête de l'offre d'un présent : mais ce que je ne ferois pas pour obliger, je ne le ferois pas pour de l'argent ; je les refusai, non parce qu'ils m'avoient fait tort, mais parce que je ne voulois pas les mettre dans le cas de faire tort aux autres ; car je savois qu'ils vouloient se servir de mon crédit pour tromper ceux qui acheteroient leurs marchandises.

D

» Après avoir séjourné à Agra le tems nécessaire pour apprendre ce que je voulois savoir, je voyageai en Perse, où je vis plusieurs restes de son ancienne magnificence, et observai plusieurs commodités nouvelles pour la vie. Les Perses sont une nation extrêmement sociable, et leurs assemblées me fournirent tous les jours des occasions de remarquer leurs caractères et leurs mœurs, et de suivre la nature humaine dans toutes ses variations.

» De Perse je passai en Arabie, où je vis une nation pastorale et guerrière, qui vivoit sans aucune habitation fixe, dont la richesse consiste dans les troupeaux, et qui de tous tems a fait une guerre héréditaire au genre humain, sans convoiter ni envier ses possessions. »

CHAPITRE X.

Suite de l'histoire d'Imlac. Dissertation sur la poésie.

« Partout où j'allai, je trouvai que la poésie étoit considérée comme la science la plus relevée, et regardée avec une sorte de vénération qui approchoit de celle que l'homme a pour la nature céleste. Et cependant ce qui me remplit d'étonnement c'est que, dans presque toutes les contrées, les plus anciens poètes sont les mieux considérés ; soit parce que toutes les autres espèces de connoissances peuvent s'acquérir par degrés, et que la poésie est un présent du ciel, ou que la première poésie de chaque nation les surprit comme une nouveauté, et qu'elle conserva le crédit par le consentement qu'elle reçut fortuitement d'abord, ou soit parce que le ressort de la poésie étant de décrire la nature et les passions qui sont toujours les mêmes, les premiers écrivains s'emparèrent des objets les plus frappans pour la description, et des événemens les plus probables pour la fiction, et ne laissèrent à ceux qui les suivirent que la transcription des mêmes événemens et de nouvelles combinaisons des mêmes images. Quelle que soit la raison de cette préférence, c'est l'observation commune, que les écrivains anciens sont en possession de la nature et leurs successeurs en possession de l'art ; que les premiers excellent dans la force et l'invention, et les derniers dans l'élégance et le rafinement.

» J'étois desireux d'ajouter mon nom à cette illustre confrérie. Je lus tous les poètes de Perse et d'Arabie, et fus capable de répéter de mémoire les volumes qui sont suspendus dans la mosquée de la Mecque. Mais je trouvai bientôt que personne n'étoit jamais grand par imitation. Ma passion d'exceller me fit porter mon attention sur la nature et la vie. La nature devoit être mon sujet et les hommes mes auditeurs ; je ne pouvois espérer d'émouvoir ceux dont je ne connoissois ni les intérêts ni les opinions.

» Résolu maintenant d'être poète, je vis toutes choses avec un nouveau dessein ; ma sphère d'attention s'agrandit tout-à-coup ; je ne devois négliger aucune espèce de connoissance. Je visitai les montagnes et les déserts pour les images et les ressemblances, et peignis dans mon esprit chaque arbre de la forêt et chaque fleur de la vallée. J'observai avec un égal soin la cime du rocher et le pinacle du palais. Tantôt j'errois le long des labyrinthes du ruisseau ; et tantôt j'épiois le changement des nuages de l'été. Pour un poète rien ne peut être inutile. Tout ce qui est beau, tout ce qui est affreux doit être familier à son imagination ; il doit dire tout ce qui est frappant par son étendue ou l'élégance de sa petitesse. Les plantes du jardin, les animaux des bois, les minéraux de la terre et les météores du ciel doivent tous concourir à remplir son esprit d'une variété inépuisable ; car chaque idée est utile pour l'établissement ou l'ornement de la vérité morale et religieuse ; et celui qui connoît le plus, pourra le mieux diversifier ses scènes, et amuser un lecteur d'allusions éloignées et d'une instruction inattendue.

» En conséquence je fus soigneux d'étudier toutes les formes de la nature; et chaque contrée que j'ai visitée a contribué pour quelque chose à mon talent poétique. »

— Dans une étendue si vaste, dit le prince, vous devez sûrement avoir laissé beaucoup à observer. J'ai vécu jusqu'à présent dans l'enceinte de ces montagnes, et cependant je ne puis me promener sans voir quelque chose que je n'avois jamais vu ou remarqué auparavant. »

— L'affaire d'un poète, dit Imlac, est d'examiner, non l'individu, mais l'espèce ; de remarquer les propriétés générales et les grandes apparences ; il ne décrit point le nombre des raies de la tulipe, ou les différentes ombres sur la verdure de la forêt. Il doit montrer dans ses portraits de la nature des traits frappans qui puissent rappeler l'original à chaque esprit, et en écarter les distinctions minutieuses que l'un peut avoir remarquées et l'autre avoir négligées comme des caractères

D 3

qui ne sont point également sensibles pour l'observateur et le nonchalant.

« Mais la connoissance de la nature n'est que la moitié de la tâche d'un poète ; il doit aussi être familier avec toutes les manières de la vie. Son caractère exige qu'il apprécie le bonheur et la misère de chaque condition ; qu'il observe le pouvoir de toutes les passions dans leurs combinaisons, et décrive les changemens de l'esprit humain tels qu'ils sont modifiés par les différentes institutions et les influences accidentelles du climat ou de la coutume, depuis la vivacité de l'enfance jusqu'aux glaces de la décrépitude. Il doit se dépouiller de tous les préjugés de son siècle et de son pays ; il doit considérer le juste et l'injuste dans leur état abstrait et invariable ; il doit dédaigner les lois et des opinions actuelles, et s'élever aux vérités générales et transcendantes qui seront toujours les mêmes ; il doit en conséquence se contenter des progrès lents de son nom ; mépriser la louange de ses contemporains, et commettre ses droits à la justice de la postérité. Il doit écrire comme l'interprète de la nature et le législateur du genre humain, et se considérer comme présidant sur les pensées et les coutumes des générations futures ; comme un être supérieur aux tems et aux lieux.

« Sa tâche n'est pas encore remplie; il doit connoître plusieurs langues et plusieurs sciences; et, pour que son style soit digne de ses pensées, il doit se rendre familières par une étude constante, les beautés du langage et la grâce de l'harmonie. »

CHAPITRE XI.
Suite de l'histoire d'Imlac. Une idée sur le pélerinage.

Imlac ressentit alors l'accès de l'enthousiasme, il alloit continuer d'agrandir sa profession, lorsque le prince s'écria : « Assez, tu m'as convaincu qu'aucun homme ne peut jamais être poète. Reprends ton récit. »

— Pour être poète, dit Imlac, c'est certainement fort difficile. »

— Si difficile, reprit le prince, que je ne veux plus entendre parler de ses travaux. Dites-moi où vous allâtes quand vous eûtes vu la Perse. »

— De la Perse, dit le poète, je voyageai à travers la Syrie, et résidai pendant trois ans dans la Palestine, où je conversai avec un grand nombre de nations du nord et de l'ouest de l'Europe ; nations qui unissent aujourd'hui tout le pouvoir à toutes les connoissances, dont les armées sont irrésistibles, et dont les flottes commandent aux parties les plus lointaines du globe. Quand je comparai ces hommes avec les habitans de notre royaume et ceux qui nous environnent, ils me parurent presque un autre ordre de mortels. Dans leurs contrées il est difficile de desirer quelque chose qui ne puisse être obtenue : un millier d'arts, qui nous sont étrangers, sont continuellement en activité pour leurs commodités et leurs plaisirs ; et tout ce que leur climat leur a refusé, ils se le procurent par leur commerce. "

— Par quels moyens, dit le prince, les Européens sont-ils puissans ? ou, pourquoi, puisqu'ils peuvent si aisément visiter l'Asie et l'Afrique pour commercer ou faire des conquêtes, pourquoi les Asiatiques et les Africains ne peuvent-ils envahir leurs côtes, établir des colonies dans leurs ports, et donner des loix à leurs princes ? le même vent qui les porte chez les autres pourroit nous porter chez eux. "

— Ils sont plus puissans que nous, sire, parce qu'ils sont plus sages ; la science dominera toujours sur l'ignorance, comme l'homme gouverne les autres animaux ; mais pourquoi ils sont plus instruits que nous, je ne sais quelle autre raison en donner, si ce n'est la volonté impénétrable de l'Etre Suprême. »

— Quand, dit le prince en poussant un soupir, quand pourrai-je visiter la Palestine, et me mêler avec ce puissant concours de nations ? Jusqu'à ce que cet heureux moment arrive, continue de remplir le tems avec l'instruction que tu peux me donner. Je n'ignore point les motifs qui attirent tant de monde dans cet endroit, et ne puis que le considérer comme le centre de la sagesse et de la piété, où doivent se rendre continuellement les plus sages et les meilleurs hommes de toute la terre. »

— Il n'y a que quelques nations, dit Imlac, qui envoient un petit nombre de pélerins dans la Palestine; car plusieurs sectes nombreuses et instruites, en Europe, s'accordent à censurer le pélerinage comme superstitieux, ou s'en moquent comme étant ridicule. »

— Vous savez, dit le prince, combien peu ma vie m'a mis à portée de connoître la diversité des opinions: il seroit trop long d'écouter les argumens des unes et des autres; vous qui les avez considérées, dites-m'en le résultat ? »

— Le pélerinage, dit Imlac, comme plusieurs autres actes de piété peuvent-être raisonnables ou superstitieux, suivant les principes d'après lesquels on les accomplit. De longs voyages pour la recherche de la vérité ne sont point commandés. La vérité, telle qu'elle est nécessaire pour le réglement de la vie, est toujours trouvée où on la cherche honnêtement. Le changement de lieu ne peut naturellement augmenter la piété, car il produit inévitablement la dissipation de l'esprit; cependant puisque les hommes vont tous les jours visiter les champs qui ont été le théâtre de grandes actions, et s'en retournent avec des impressions plus fortes de l'événement, la curiosité de la même espèce peut nous disposer naturellement à visiter cette contrée où notre religion prit naissance; et je crois que personne ne regarde ces augustes scènes sans se confirmer dans de saintes résolutions. Que l'Etre Suprême puisse être plus aisément appaisé dans un endroit que dans un autre, c'est le rêve d'une stupide superstition; mais que quelques lieux puissent opérer sur nos esprits d'une manière extraordinaire, c'est une opinion que l'expérience de tous les momens justifiera. Celui qui croit que ses vices peuvent être combattus avec plus de succès dans la Palestine, se trouvera peut-être trompé; cependant il peut y aller sans folie; celui qui pense qu'ils seront plus aisément pardonnés, déshonore à la fois sa raison et la religion. »

— Ces observations, dit le prince, s'appliquent aux Européens. Je les considérerai une autre fois. Quel effet avez-vous trouvé que la science produisoit ? ces nations sont-elles plus heureuses que nous ? »

— Il y a tant d'infortune dans le monde, dit le poète, qu'à peine a-t-on le loisir d'apprécier par ses propres maux le bonheur comparatif des autres. La science est certainement un des moyens de plaisir, comme le prouve le desir naturel que chacun sent d'augmenter ses idées. L'ignorance est une pure privation qui ne peut rien produire ; c'est un vide dans lequel l'âme reste immobile et engourdie faute d'attraction ; et, sans savoir pourquoi, nous sommes toujours satisfaits quand nous apprenons, et chagrins quand nous oublions. C'est pourquoi j'incline à conclure que si rien n'arrête la conséquence naturelle de la science, nous devenons plus heureux à mesure que notre esprit s'éclaire davantage.

» En faisant l'énumération des adoucissemens particuliers de la vie, nous trouverons plusieurs avantages du côté des Européens. Ils guérissent les blessures et les maladies qui nous font languir et nous ôtent la vie.

Nous souffrons des intempéries du tems, auxquelles ils peuvent obvier. Ils ont des machines pour achever promptement plusieurs travaux pénibles, que nous devons, nous, exécuter avec l'industrie de la main. Il y a une telle communication établie entre les lieux les plus éloignés, qu'un ami peut à peine se dire absent de l'autre. Leur police prévient tous les inconvéniens publics : ils ont des routes coupées à travers leurs montagnes, et des ponts établis sur leurs rivières. Et si nous descendons aux particularités de la vie, leurs habitations sont plus commodes, et leurs propriétés plus en sûreté.

— Ils sont certainement heureux, dit le prince, ceux qui ont toutes ces commodités, dont je n'envie rien tant que la facilité avec laquelle des amis absens échangent leurs pensées.

— Les Européens, répondit Imlac, sont moins malheureux que nous ; mais ils ne sont pas heureux. La vie humaine est par-tout un état où il y a beaucoup de maux et peu de jouissances.

CHAPITRE

CHAPITRE XII.
Suite de l'histoire d'Imlac.

JE ne suis point disposé, dit le prince, à supposer que le bonheur soit distribué aux hommes avec tant de parcimonie ; et je crois que si j'avois le choix de vie, je serois capable de remplir chaque jour de plaisir. Je ne ferois de tort à personne, et ne provoquerois point son ressentiment : je soulagerois tous les malheureux, et jouirois des bénédictions de la reconnoissance. Je choisirois mes amis parmi les sages, et mon épouse parmi les femmes vertueuses ; par conséquent je ne craindrois point la trahison ou la haine. Mes enfans seroient par mes soins instruits dans les sciences et la piété, et ils paieroient à ma vieillesse ce qu'ils auroient reçu dans leur enfance. Qui oseroit molester celui qui pourroit de tous côtés appeler des milliers d'hommes enrichis par sa bonté, ou assistés par son pouvoir ? et pourquoi la vie ne couleroit-elle pas dans la douce réciprocité de protection et de respect ? Tout ceci peut-être fait sans le secours des rafinemens européens, qui, par leurs effets, paroissent plus spécieux qu'utiles. Laissons-les, et poursuivons notre voyage. »

— De la Palestine, dit Imlac, je passai à travers plusieurs contrées de l'Asie, dans les royaumes civilisés comme un marchand, et parmi les barbares des montagnes comme un pélerin. Enfin je commençai à soupirer après mon pays natal, pour me reposer de mes voyages et de mes fatigues, dans le lieu où j'avois passé mes plus jeunes années, et amuser mes vieux camarades du récit de mes aventures. Souvent je me représentois ceux avec qui j'avois folâtré dans les jours de mon enfance, assis autour de moi dans le soir de ma vie, étonnés de mon histoire, et écoutant mes conseils.

» Quand cette pensée se fut emparé de mon esprit, je regardai comme perdu tout moment qui ne me rapprocha pas de l'Abissinie. Je me hâtai d'arriver en Egypte, et malgré mon impatience, je fus retenu dix mois à contempler son ancienne magnificence, et à m'informer où étoient les restes de sa science antique. Je trouvai au Caire un mélange de toutes les nations ; les unes qui y étoient attirées par amour pour la science, les autres par l'espoir du gain, et plusieurs par le desir de vivre à leur manière sans craindre l'observation, et de demeurer caché dans l'obscurité de la foule ; car dans une cité, peuplée comme le Caire, il est possible d'obtenir à-la-fois les plaisirs de la société, et le secret de la solitude.

» Du Caire je me rendis à Suez, et m'embarquai sur la mer Rouge, longeant la côte jusqu'à ce que j'arrivasse au port d'où j'étois parti vingt ans auparavant. Là je me joignis à une caravanne, et rentrai dans le lieu de ma naissance.

» Je m'attendois alors aux caresses de mes parens et aux félicitations de mes amis, et avois quelque espoir que mon père, malgré la valeur qu'il attachoit aux richesses, reconnoîtroit avec joie et orgueil un fils qui étoit capable d'ajouter à la félicité et à l'honneur de la nation. Mais je fus bientôt convaincu que mes espérances étoient vaines. Mon père étoit mort depuis quatorze ans, après avoir partagé ses biens entre mes frères qui s'étoient retirés dans d'autres provinces. La plus grande partie de mes camarades étoit dans le tombeau ; de ceux qui restoient, les uns purent à peine me reconnoître, et les autres me considérèrent comme une personne corrompue par les mœurs étrangères.

» Un homme accoutumé aux vicissitudes ne se laisse pas abattre aisément. J'oubliai peu à peu ce contre-tems, et m'efforçai de solliciter la recommandation des grands du royaume. Ils m'admirent à leur table, écoutèrent mon histoire, et me congédièrent. J'ouvris une école, on me défendit d'enseigner. Je résolus alors de chercher le repos de la vie domestique, et adressai mes vœux à une dame qui étoit passionnée pour ma conversation, mais elle les rejetta parce que mon père étoit un marchand.

» Dégoûté enfin des sollicitations et des rebuffades, je resolus de quitter le monde pour toujours, et de ne plus dépendre de l'opinion ou du caprice des autres. J'attendis le tems où la vallée heureuse seroit ouverte, afin de pouvoir dire adieu à l'espérance et à la crainte. Le jour vint; mon ouvrage fut distingué avec faveur, et je me résignai avec joie à une retraite perpétuelle. »

— As-tu trouvé enfin ici le bonheur? dit Rasselas. Parle-moi sans réserve; es-tu content de ta condition? ou desires-tu voyager de nouveau? Tous les habitans de cette vallée célèbrent leur sort, et à la visite annuelle de l'empereur, invitent les autres à partager leur félicité. »

— Grand prince, dit Imlac, je dirai la vérité. Je ne connois aucun de vos serviteurs qui ne regrette l'heure où il entra dans cette retraite. Je suis moins malheureux que le reste, parce que j'ai l'esprit plein d'images que je peux varier et combiner à volonté. Je puis distraire ma solitude en renouvelant l'érudition qui commence à s'effacer de ma mémoire, et en me rappelant les événemens de ma vie passée. Cependant tout ceci aboutit à la triste considération, que ma science est maintenant inutile, et que je ne puis jouir d'aucun de mes plaisirs. Les autres dont les esprits n'ont d'impression que celle du moment, sont ou rongés par de malignes passions, ou demeurent stupides dans l'obscurité du vide perpétuel. »

— Quelles passions, dit le prince, peuvent infester ceux qui n'ont point de rivaux ? Nous sommes dans un lieu où l'impuissance prévient la malice, où toute espèce d'envie est réprimée par la communauté de jouissances. »

— Ici il peut y avoir communauté de plaisirs matériels, dit Imlac, mais jamais il ne peut y avoir communauté d'amour ou d'estime. Il doit arriver qu'une personne plaira plus qu'une autre ; celui qui sait être méprisé sera toujours envieux, et encore plus envieux et plus mal-intentionné, s'il est condamné à vivre en présence de ceux qui le méprisent. Les invitations qu'ils font aux autres pour les attirer dans un état qu'ils sentent être malheureux, procédent de la malignité naturelle de la misère sans espoir. Ils sont ennuyés d'eux-mêmes et de tous les autres, ils espèrent trouver du soulagement dans de nouveaux compagnons. Ils envient la liberté que leur folie leur a fait perdre, et verroient avec plaisir tout le genre humain prisonnier comme eux.

» De ce crime toutefois je suis entièrement exempt. Personne ne peut dire être malheureux par ma persuasion. Je vois avec pitié la foule solliciter annuellement son admission dans la captivité, et desirerois qu'il me fût permis de l'avertir du danger. »

— Mon cher Imlac, dit le prince, je vais t'ouvrir mon cœur tout entier. J'ai médité long-tems mon évasion de la vallée heureuse. J'ai examiné les montagnes de tous côtés; mais je me suis trouvé arrêté par des barrières insurmontables. Montre-moi le moyen de me sauver de ma prison; tu seras le compagnon de ma fuite, le guide de mes courses, l'associé de ma fortune, et mon seul directeur dans le *choix de vie.* »

— Sire, répondit le poëte, votre évasion sera difficile, et peut-être vous repentirez vous bientôt de votre curiosité. Au lieu d'un monde que vous vous figurez calme et tranquille comme le lac de la vallée, vous trouverez une mer écumante par les tempêtes, et bouillante par les goufres. Tantôt vous serez englouti par les vagues de la violence, et tantôt jetté contre les écueils de la trahison. Au milieu des injustices et de la fraude, des rivalités et des inquiétudes, vous soupirerez mille fois après cette retraite de repos, et renoncerez de bon cœur à l'espoir d'être libre. »

— N'entreprends point, dit le prince, de me détourner de mon dessein. Je suis impatient de voir ce que tu as vu, et puisque tu es ennuyé de la vallée, il est évident que ton premier état étoit meilleur que celui-ci. Quel que soit le danger de mon épreuve, je suis résolu de juger avec mes propres yeux des différentes conditions des hommes, et, après une mûre délibération, de faire mon *choix de vie.* »

— Je crains, dit Imlac, que vous n'en soyez empêché par des obstacles plus puissans que mes raisonnemens ; cependant si votre résolution est prise, je ne vous conseille pas de désespérer. Peu de choses sont impossibles à la diligence et à l'industrie.

CHAPITRE XIII.

Rasselas découvre les moyens de s'échapper.

Le prince renvoya alors son favori pour prendre du repos, mais le récit de merveilles et de nouveautés le remplit d'agitation. Il repassa dans son esprit tout ce qu'il avoit entendu, et prépara une multitude de questions pour le matin.

Il se trouvoit maintenant beaucoup moins inquiet. Il avoit un ami à qui il pouvoit communiquer ses pensées, et dont l'expérience pouvoit l'assister dans ses desseins. Son cœur n'étoit plus condamné à se gonfler de chagrin qu'il n'osoit épancher. Il pensa que la vallée même étoit supportable avec un tel compagnon, et que s'ils pouvoient parcourir le monde ensemble, tous ses désirs seroient accomplis.

En peu de jours l'eau fut écoulée et la terre sèche. Le prince et Imlac se promenèrent alors ensemble pour converser sans être aperçus des autres. Rasselas dont les pensées étoient toujours fixées vers la fuite, en passant auprès de la porte, dit avec un air de douleur: « Pourquoi es-tu si forte, et pourquoi l'homme est-il si foible? »

— L'homme n'est point foible, répondit son compagnon, l'industrie est plus qu'équivalente à la force. Le maître des mécaniques se moque d'elle. Je puis briser la porte, mais je ne puis le faire secrètement. Il faut essayer quelqu'autre expédient. »

Comme ils se promenoient sur le penchant de la montagne, ils observèrent que les lapins que la pluie avoit chassés de leurs terriers, s'étoient réfugiés parmi les buissons, et avoient fait derrière eux des trous dans une direction oblique. « Ça été l'opinion de l'antiquité, dit Imlac, que la raison humaine emprunta plusieurs arts de l'instinct des animaux ; en conséquence ne croyons point nous dégrader en apprenant du lapin. Nous pouvons nous échapper en perçant la montagne dans la même direction. Nous commencerons à l'endroit où le sommet penche sur la partie du milieu, et travaillerons en haut jusqu'à ce que nous arrivions au-delà de la saillie. »

Les yeux du prince étinceloient de joie en entendant cette proposition. L'exécution étoit facile et le succès certain.

Ils ne perdirent point de tems. Le matin de bonne heure ils se hâtèrent de chercher un endroit convenable pour leur mine. Ils grimpèrent avec beaucoup de peine parmi les rochers et les ronces, et s'en retournèrent sans en avoir découvert aucun favorable à leur dessein. Le second et le troisième jour furent employés de la même manière et également sans succès. Mais le quatrième, ils trouvèrent une petite caverne cachée par un buisson épais, où ils résolurent de faire leur expérience.

Imlac procura des instrumens pour percer la pierre et ôter la terre, et ils commencèrent leur travail le lendemain avec plus d'ardeur que de vigueur. Epuisés par leurs efforts, ils s'assirent tout hors d'haleine sur le gazon. Le prince parut un moment découragé. « Sire, dit son compagnon, la pratique nous rendra capables de continuer notre travail pendant un plus long tems ; voyez cependant combien nous avons avancé, et vous trouverez que notre ouvrage finira quelque jour. Les grands travaux sont exécutés non par la force, mais par la persévérance. Ce palais-ci fut élevé avec de simples pierres, cependant vous voyez sa hauteur et sa grande étendue. Celui qui marchera avec vigueur trois heures dans un jour, parcourra dans sept ans un espace égal à la circonférence du globe. »

Tous les jours, ils retournoient à leur travail, et trouvèrent en peu de tems une ouverture dans le roc, qui leur permit d'avancer loin avec fort peu d'obstacles. Rasselas considéra cet incident comme de bon augure. « N'entretenez point votre esprit, dit Imlac, d'autres espérances ou craintes que de celles que la raison peut suggérer ; si vous êtes satisfait des pronostics heureux, par la même raison, vous serez effrayé des pronostics contraires, et toute votre vie sera en proie à la superstition. Tout ce qui facilite notre travail est plus qu'un pronostic, c'est une cause de succès. Cet incident est une de ces surprises agréables fort communes aux résolutions actives. Plusieurs choses difficiles à résoudre deviennent faciles dans l'exécution. »

CHAPITRE XIV.

Rasselas et Imlac reçoivent une visite inattendue.

ILS avoient frayé leur chemin jusqu'au milieu, et se consoloient de leur fatigue par l'approche de leur liberté, lorsque le prince, descendant pour prendre l'air, trouva sa sœur Nékayah à l'entrée de la cavité. Il tressaillit et demeura confus, n'osant lui dire son dessein, et cependant sans espérance de le cacher. Peu de momens après il se détermina de commettre à sa fidélité son secret, et de l'assurer par une déclaration sans réserve.

„ Ne vous imaginez pas, dit la princesse, que je vienne ici comme un espion : j'avois long-tems observé de ma croisée que vous et Imlac dirigiez tous les jours votre promenade vers le même point ; mais je ne supposois pas que vous eussiez d'autre motif de préférence pour cet endroit, qu'une ombre plus fraîche ou une éminence plus odoriférante ; et je ne vous y suivis avec d'autre dessein que de partager votre conversation. Puis donc que la tendresse et non le soupçon vous a découvert, ne me faites pas perdre l'avantage de ma découverte. Je suis autant que vous ennuyée de ma prison, et non moins desireuse de connoître ce que l'on fait ou souffre dans le monde.

„ Permettez-moi de fuir avec vous de cette retraite insipide, qui deviendra encore plus dégoûtante quand vous m'aurez quittée. Vous pouvez me refuser de vous accompagner, mais vous ne pouvez m'empêcher de vous suivre."

Le prince, qui aimoit Nékayah plus que ses autres sœurs, acquiesça à sa demande, et fut affligé d'avoir perdu une occasion de lui
témoigner

témoigner sa confiance par une communication volontaire. Il fut en conséquence résolu qu'elle quitteroit la vallée avec eux, et qu'en même tems elle feroit le guet, dans la crainte que quelque étranger ne les suivît par hasard ou par curiosité jusqu'à la montagne.

Enfin leur travail finit : ils aperçurent le jour au-delà de la saillie, et, s'avançant jusqu'au sommet de la montagne, ils virent le Nil, qui n'étoit encore qu'un courant étroit, roulant au-dessous d'eux.

Le prince promena ses regards par-tout avec ravissement, anticipa sur tous les plaisirs du voyage, et étoit déjà transporté en pensée au-delà des etats de son père. Imlac, quoique fort joyeux de son évasion, avoit moins d'espérance de plaisir dans le monde, dont il avoit fait auparavant l'expérience et dont il s'étoit dégoûté.

Rasselas étoit si ravi d'un horison plus vaste qu'on fut long-tems avant de pouvoir lui persuader de retourner dans la vallée. Il informa sa sœur que le chemin étoit ouvert, et qu'il ne restoit plus rien à faire que de se préparer pour leur départ.

F.

CAPITRE XV.

Le prince et la princesse quittent la vallée, et voient plusieurs merveilles.

Le prince et la princesse avoient des joyaux suffisans pour les enrichir quand ils arriveroient dans une place de commerce; Imlac les leur fit cacher dans leurs habits; et dans la nuit de la pleine lune suivante, ils quitterent tous la vallée heureuse. La princesse ne fut suivie que d'une seule favorite qui ignoroit où elle alloit.

Ils monterent par la cavité, et commencerent à descendre de l'autre côté. La princesse et sa suivante tournerent les yeux de toutes parts, et ne voyant rien qui bornât leur vue, elles se considérerent comme en danger d'être perdues dans un vide affreux. Elles s'arrêterent en tremblant. « Je n'ose presque, dit la princesse, commencer un voyage dont je n'aperçois point la fin, ni m'aventurer dans cette plaine immense où je peux être approchée de tous côtés par des hommes que je ne vis jamais. » Le prince sentoit à-peu-près les mêmes émotions, quoiqu'il crût plus mâle de les cacher.

Imlac sourit de leur terreur, et les encouragea d'avancer; mais la princesse continua d'être irrésolue, jusqu'à ce qu'elle eût été attirée insensiblement trop loin pour s'en retourner.

Le matin ils trouvèrent des bergers dans la campagne, qui leur apportèrent du lait et des fruits. La princesse s'étonna de ne pas voir un palais prêt pour la recevoir, et une table couverte de mêts délicats; mais comme elle étoit fatiguée et avoit appétit, elle but le lait et mangea les fruits qu'elle trouva meilleurs que ceux de la vallée.

Ils voyagèrent à petites journées, n'étant point tous accoutumés aux peines et à la fatigue, et sachant qu'ils ne pouvoient être poursuivis. En peu de jours ils arrivèrent dans une contrée plus peuplée où Imlac s'amusa de l'admiration que ses compagnons exprimoient pour la diversité de mœurs, de conditions et d'emplois. Leur costume étoit tel qu'il ne pouvoit donner le moindre soupçon de leur qualité; cependant le prince s'attendoit à son arrivée d'être obéi, et la princesse fut effrayée de ce que ceux qui venoient en sa présence ne se prosternoient point. Imlac fut forcé de les observer avec le plus grand soin, de peur qu'ils ne trahissent leur rang par leur conduite extraordinaire, et les retint plusieurs semaines dans le premier village pour les accoutumer à la vue du commun des hommes.

Les augustes voyageurs apprirent à comprendre par dégrés qu'ils avoient pour un tems déposé leur dignité, et qu'ils ne devoient s'attendre qu'aux égards que la libéralité et la courtoisie pouvoient procurer. Et Imlac, après les avoir préparés par ses avertissemens, à supporter le tumulte d'un port et la rudesse des matelots, les mena sur la côte de la mer.

Le prince et sa sœur pour qui chaque chose étoit nouvelle, étant également satisfaits de tous les endroits, restèrent quelques mois dans le port sans témoigner aucun desir d'aller plus loin. Imlac étoit content de leur délai, parce qu'il ne jugeoit pas prudent de les exposer, sans expérience du monde, aux hasards d'une contrée étrangère.

Enfin commençant à craindre qu'ils ne fussent découverts, il proposa un jour pour leur départ. Comme ils n'avoient aucune prétention de juger de rien par eux-mêmes, ils s'en rapportèrent entièrement à son plan de direction. Il prit en conséquence un passage sur un vaisseau pour Suez ; et quand le tems fut arrivé, il eut beaucoup de peine à déterminer la princesse d'entrer dans le bâtiment. Ils firent un prompt et heureux voyage, et de Suez se rendirent par terre au Caire.

CHAPITRE XVI.

Ils entrent au Caire, et trouvent tous les hommes heureux.

Comme ils approchoient de la ville qui remplit les étrangers d'étonnement, Imlac dit au prince : « C'est l'endroit où les voyageurs et les marchands se rendent de toutes les parties de la terre. Vous trouverez ici des hommes de tous les caractères et de tous les emplois. Le commerce est ici honorable : j'agirai comme un marchand, et vous vivrez comme des étrangers qui n'ont d'autre but de voyage, que la curiosité ; on observera bientôt que nous sommes riches : notre réputation nous donnera accès chez tous ceux que nous desirons connoître ; vous verrez toutes les conditions de l'humanité, et vous vous mettrez en état de faire à loisir votre *choix de vie.* »

Ils entrèrent alors dans la ville, étourdis par le bruit, et choqués de la foule. L'instruction n'avoit point encore assez prévalu sur l'habitude ; ils s'étonnoient de passer le long des rues sans être distingués, et d'être rencontrés par les plus bas du peuple sans qu'ils leur témoignassent ni respect ni attention. La princesse ne put d'abord supporter la pensée d'être au niveau avec le vulgaire, et s'enferma pendant quelques jours dans sa chambre où elle fut servie par sa favorite Pekuah comme dans le palais de la vallée.

Imlac, qui entendoit le trafic, vendit une partie des joyaux le lendemain, et loua une maison qu'il orna avec une telle magnificence qu'on le considéra comme un marchand fort riche. Sa politesse lui attira un grand nombre de connoissances, et sa générosité le fit courtiser par un grand nombre de dépendans. Les hommes de toutes les nations étoient admis en foule à sa table, et tous admiroient son savoir et sollicitoient sa faveur. Ses compagnons n'étant pas capables de se mêler à la conversation, ne pouvoient laisser voir leur ignorance ou leur surprise : ils furent initiés dans le monde par degrés, à mesure qu'ils se rendirent familière la langue du pays.

Le prince avoit, par de fréquentes leçons, appris l'usage et la nature de la monnoie, mais les dames ne purent pendant long-tems comprendre ce que les marchands faisoient de petites pièces d'or et d'argent, ou pourquoi des choses d'un si petit usage seroient reçues comme équivalentes aux nécessités de la vie.

Ils étudièrent la langue deux ans, pendant lesquels Imlac se prépara à mettre devant eux les divers rangs et conditions du genre humain. Il fit la connoissance de tous ceux qui avoient quelque chose d'extraordinaire dans leur fortune ou dans leur conduite. Il fréquenta le voluptueux et le sage, l'oisif et l'occupé, le marchand et l'homme de lettres.

Le prince maintenant capable de converser avec facilité, après avoir appris la précaution nécessaire à observer dans son commerce avec les étrangers, commença à accompagner Imlac dans les endroits publics et à entrer dans toutes les assemblées afin de pouvoir faire son *choix de vie.*

Pendant quelque tems il crut ce choix inutile, parce que tous les hommes lui parurent réellement heureux. Partout où il alloit il trouvoit la gaité et le plaisir, et entendoit le chant de la joie ou le rire de la nonchalance. Il commença à croire que le monde regorgeoit d'une abondance universelle, et que rien n'étoit enlevé au besoin ou au mérite ; que chaque main répandoit la libéralité, et que tous les cœurs étoient bienfaisans. « Et qui donc, dit-il, sera souffert être malheureux ? »

Imlac lui laissa l'illusion, et ne vouloit pas

détruire l'espérance de l'inexpérience, lorsqu'un jour, après un instant de silence, le prince dit : « Je ne sais pour quelle raison je suis plus malheureux qu'aucun de nos amis. Je les vois d'une gaîté continuelle et inaltérable ; mais moi, je me sens l'esprit inquiet et troublé. Je ne suis point satisfait de ces plaisirs que je semble rechercher le plus. Je vis dans le tumulte de la joie, non pas tant pour jouir de la compagnie, que pour m'éviter moi-même, et je suis bruyant et gai pour cacher ma tristesse. »

— Chacun, dit Imlac, peut, en examinant son propre esprit, conjecturer ce qui se passe dans l'esprit des autres. Quand vous sentez que votre gaîté est feinte, vous pouvez avec raison soupçonner que celle de vos compagnons n'est pas réelle. L'envie est ordinairement réciproque. Nous sommes long-tems avant d'être convaincus que le bonheur ne peut jamais être trouvé, et chacun le croit possédé par les autres, dans l'espoir de l'obtenir pour lui-même. Dans l'assemblée où vous passâtes la nuit dernière, il y régna un air de vivacité, et une illusion de plaisirs tels qu'ils pouvoient convenir à des êtres d'un ordre plus élevé, formés pour habiter des contrées plus tranquilles, et inaccessibles au souci ou au chagrin.

Cependant, croyez-moi, prince, il n'y en avoit aucun qui ne redoutât le moment où la solitude le livreroit à la tyrannie de la réflexion. »

— Ceci, dit le prince, peut être vrai pour les autres, puisqu'il est vrai pour moi. Cependant quelle que soit l'infortune générale de l'homme, une condition est plus heureuse qu'une autre, et la sagesse veut sans doute que nous prenions le moindre des maux dans le *choix de vie*. »

— Les causes du bien et du mal, répondit Imlac, sont si variées et si incertaines, si souvent confondues les unes avec les autres, si diversifiées par leurs différens rapports, et si sujettes aux accidens qui ne peuvent être prévus, que celui qui voudroit établir sa condition sur des raisons incontestables de préférence, consumeroit sa vie et mourroit dans les recherches et la délibération. »

— Mais, sans doute, dit Rasselas, les hommes sages que nous écoutons avec respect et admiration, choisirent pour eux le genre de vie qu'ils crurent le plus propre à les rendre heureux. »

— Fort peu, dit le poète, vivent par choix. Chacun est placé dans sa condition actuelle par des raisons qui agirent sans qu'il les eût prévues, et auxquelles il ne coopéra pas toujours volontairement. C'est pourquoi vous en trouverez rarement un qui ne croie que le sort de son voisin est meilleur que le sien. »

— Je me plais à penser, dit le prince, que ma naissance m'a du moins donné sur les autres cet avantage, que je puis prendre une résolution pour moi-même. J'ai ici le monde devant moi ; je le considérerai à loisir : certainement le bonheur doit être trouvé quelque part. »

CHAPITRE XVII.

Le prince s'associe avec des jeunes gens folâtres et dissipés.

Rasselas sortit le lendemain dans le dessein de commencer ses épreuves de la vie. « La jeunesse, cria-t-il, est le tems du plaisir. Je m'associerai avec des jeunes gens dont la seule occupation est de satisfaire leurs desirs, et qui passent tout leur tems dans une suite de jouissances. »

On l'admit aisément dans de telles sociétés, mais en peu de jours il en fut las et dégoûté. Leur joie étoit illusoire, leur rire sans motifs ; leurs plaisirs étoient grossiers et sensuels, où l'esprit n'avoit aucune part ; leur conduite étoit à-la-fois extravagante et basse ; ils se moquoient de l'ordre et des loix, mais le front du pouvoir les faisoit trembler, et l'œil de la sagesse les couvroit de confusion.

Le prince conclut bientôt qu'il ne seroit jamais heureux dans un genre de vie dont il rougissoit. Il regarda comme inconvenant pour un être raisonnable d'agir sans plan, et de n'être triste ou gai que par hasard. « Le bonheur, dit-il, doit être quelque chose de solide et de durable, sans crainte et sans incertitude. »

Mais comme ses jeunes compagnons s'étoient insinués dans son amitié par leur franchise et leur courtoisie, il ne voulut point les quitter sans les avertir et leur faire des remontrances. « Mes amis, dit-il, j'ai considéré sérieusement notre conduite et nos vues, et ai trouvé que nous nous étions mépris sur nos intérêts. Les premières années de l'homme doivent faire provision pour les dernières. Celui qui ne pense jamais ne peut jamais être sage. La légèreté perpétuelle doit finir dans l'ignorance ; et l'intempérance, quoiqu'elle puisse pour un moment allumer les esprits, rendra la vie courte ou misérable. Considérons que la jeunesse n'est pas de longue durée, et que dans l'âge mûr, quand les prestiges de l'imagination cesseront, et que les fantômes du plaisir ne danseront plus autour de nous, nous n'aurons d'autres consolations que l'estime des hommes sages et les moyens de faire du bien. Arrêtons-nous donc pendant qu'il est en notre pouvoir de nous arrêter : vivons comme des hommes qui doivent vieillir quelque jour, et pour qui le plus terrible des maux seroit de compter leurs années passées par les folies et de ne se rappeler de leur santé brillante que par les maladies que l'excès produit. »

Ils se regardèrent un instant en silence les uns les autres, et enfin le renvoyèrent par un éclat de rire général et prolongé.

La conscience qu'il avoit que ses avis étoient justes et son intention bonne, eut de la peine à lui faire supporter l'insulte et la dérision. Mais il recouvra sa tranquillité, et poursuivit ses recherches.

CHAPITRE XVIII.

Le prince trouve un homme sage et heureux.

Comme il se promenoit un jour dans la rue, il vit un vaste bâtiment ouvert à tous ceux qui vouloient y entrer : il suivit la foule

du

du peuple, et se trouva dans une école de déclamation, où des professeurs débitoient des leçons à leurs auditeurs. Il fixa les yeux sur un sage élevé au-dessus des autres, qui dissertoit avec beaucoup d'énergie sur le gouvernement des passions. Son visage étoit vénérable, ses gestes pleins de grâce, sa prononciation claire et son style elégant. Il démontroit avec une grande force de sentiment et une grande clarté que la nature humaine est dégradée et avilie, quand les basses facultés dominent sur les hautes ; que quand l'imagination, mère de la passion, usurpe l'empire de l'esprit, il s'ensuit l'effet naturel d'un gouvernement illégitime, le trouble et la confusion ; qu'elle livre les forteresses de l'intelligence aux rébelles, et excite les enfans à la sédition contre leur légitime souverain. Il compara la raison au soleil dont la lumière est constante, uniforme et durable ; et l'imagination à un météore d'un éclat brillant mais passager, irrégulier dans son mouvement et trompeur dans sa direction.

Il fit part alors des différens préceptes donnés de tems en tems pour surmonter ses passions, et développa le bonheur de ceux qui avoient obtenu cette importante victoire, après quoi l'homme n'est plus l'esclave de la

G

crainte ni la dupe de l'espérance ; n'est plus desséché par l'envie, enflammé par la colère, énervé par la tendresse ou abattu par le chagrin ; mais marche avec calme à travers les tumultes et les maux de la vie, comme le soleil poursuit également son cours à travers le calme ou la tempête.

Il cita l'exemple de plusieurs héros inébranlables à la peine ou au plaisir, qui voyoient avec indifférence ces événemens auxquels le vulgaire donne le nom de bien et de mal. Il exhorta ses auditeurs à déposer leurs préjugés et à s'armer contre les traits de la malice ou de l'infortune par une patience invulnérable, concluant que cet état étoit le seul bonheur, et que ce bonheur étoit au pouvoir de tout le monde.

Rasselas l'écouta avec le respect dû aux lumières d'un être supérieur, et, l'attendant à la porte, il demanda humblement la permission de visiter un si grand maître de la véritable sagesse. L'orateur hésita un moment, lorsque Rasselas lui glissa dans la main une bourse d'or qu'il reçut avec un mélange de joie et de surprise.

" J'ai trouvé, dit le prince à son retour vers Imlac, j'ai trouvé un homme qui peut apprendre tout ce qu'il est nécessaire de connoître ; qui, du trône inébranlable de la force de la raison, voit d'un œil d'indifférence les scènes de la vie changer à ses pieds : il parle, et l'attention suit ses lèvres ; il raisonne, et la conviction est au bout de ses périodes. Cet homme sera mon guide à l'avenir ; j'apprendrai sa doctrine et imiterai sa vie. »

—Ne vous pressez pas trop, dit Imlac, de vous confier, ou d'accorder votre admiration aux prédicateurs de morale : ils discourent comme des anges, mais ils vivent comme des hommes. »

Rasselas, qui ne pouvoit imaginer qu'un homme pût raisonner avec tant d'énergie sans ressentir la force de ses propres argumens, alla faire sa visite peu de jours après ; on refusa de le recevoir. Il connoissoit maintenant le pouvoir de l'argent : une pièce d'or lui fraya le chemin jusqu'à l'appartement de l'intérieur, où il trouva le philosophe dans une chambre à moitié obscure, les yeux humides et le visage pâle. « Monsieur, dit-il, vous êtes venu dans un tems où toute amitié humaine est inutile ; ce que je souffre est irrémédiable ; ce que j'ai perdu ne peut être suppléé. Ma fille, ma fille unique, de la tendresse de qui j'attendois toutes les consolations de ma vieillesse, est morte la nuit dernière d'une fièvre.

Mes vues, mes desseins, mes espérances, tout est fini pour moi ; je suis maintenant un être solitaire, séquestré de la société. »

— Monsieur, dit le prince, la mort est un événement qui ne doit jamais surprendre un homme sage : comme nous savons qu'elle est toujours proche, nous devrions toujours nous y attendre. »

— Jeune homme, répondit le philosophe, vous parlez comme quelqu'un qui n'a jamais senti les angoisses de la séparation. »

— Avez-vous donc oublié les préceptes, dit Rasselas, que vous établîtes avec tant de force ? la sagesse n'est-elle pas capable d'armer le cœur contre le malheur ? considérez que les choses extérieures sont naturellement variables, mais que la vérité et la raison sont toujours les mêmes. »

— Quelle consolation, dit le philosophe, peuvent me fournir la vérité et la raison ? ou que peuvent-elles maintenant, sinon me dire que ma fille ne me sera pas rendue ? »

Le prince trop humain pour insulter au malheur avec la censure, se retira, convaincu de l'inutilité des sons de rhéthorique, et de l'inefficacité des périodes polies et des sentences étudiées.

CHAPITRE XIX.

Une lueur de la vie pastorale.

Rasselas étoit toujours ardent dans la même recherche, et ayant entendu parler d'un hermite qui vivoit proche les cataractes inférieures du Nil, il résolut de visiter sa retraite, et de s'informer si on devoit trouver dans la solitude cette felicité que la vie publique ne pouvoit offrir ; et si un homme vénérable par son âge et ses vertus pouvoit apprendre quelque moyen particulier d'éviter les maux ou de les supporter.

Imlac et la princesse résolurent de l'accompagner, et après les préparatifs nécessaires, ils commencèrent leur voyage. Ils prirent leur chemin à travers les champs où des bergers gardoient leurs troupeaux, et les agneaux bondissoient sur le pâturage. « Voilà, dit le poète, la vie qui a été souvent célébrée pour son innocence et son repos ; passons la chaleur du jour sous les tentes des bergers, et sachons si la vie pastorale ne doit pas être le terme de nos recherches. »

La proposition fut accueillie, et ils engagèrent les bergers, par de petits présens et des question familières, à dire leur opinion sur leur propre état : ils étoient si grossiers et si ignorans, si peu capable de comparer le bien avec le mal de leur profession, et si confus dans leur récit et leur description, qu'on ne pouvoit apprendre grand'chose d'eux; mais ils étoit évident qu'ils étoient mécontens de leur condition ; qu'ils se considéroient comme condamnés à travailler pour le luxe du riche, et qu'ils regardoient avec une stupide malveillance ceux qui étoient placés au-dessus d'eux.

La princesse prononça avec véhémence qu'elle ne souffriroit jamais ces envieux sauvages être ces compagnons, et qu'elle ne desireroit pas de sitôt revoir aucune épreuve du bonheur rustique; mais ne pouvoit croire que tout ce qu'on racontoit des plaisirs primitifs fût fabuleux, et doutoit encore que la vie offrit aucune chose qui pût être préférée avec raison aux jouissances tranquilles des champs et des bois. Elle espéroit que le tems viendroit qu'avec un petit nombre de compagnons, vertueux et polis, elle cueilleroit les fleurs plantées de ses mains, caresseroit les agneaux de sa propre brebis, et écouteroit sans souci, au murmure des ruisseaux et de la brise, une de ses suivantes lisant à l'ombre.

CHAPITRE XX.

Le danger de la prospérité.

Le lendemain ils continuèrent leur voyage jusqu'à ce que la chaleur leur fît chercher un abri. Ils virent à une petite distance un bois où ils ne furent pas plutôt entrés qu'ils s'apperçurent qu'ils approchoient d'habitation d'hommes. Les arbrisseaux étoient taillés avec soin pour ouvrir des promenades où l'ombre étoit la plus épaisse ; les branches des arbres opposés étoient artistement entrelacés ; des sièges de gason fleuri étoient élevés dans les espaces vides, et un ruisseau, qui serpentoit sur le côté d'un sentier tournant, formoit tantôt de petits bassins sur ses bords, et tantôt avoit son courant arrêté par de petites jettées de pierres entassées ensemble pour augmenter son murmure. Ils passèrent lentement à travers le bois, enchantés de commodités aussi inattendues, et s'amusant les uns les autres à conjecturer qui, dans ces contrées grossières et désertes, pouvoit avoir le loisir et le talent d'arranger les choses avec un luxe aussi innocent.

En avançant ils entendirent le son de la musique, et virent des jeunes hommes et des jeunes filles danser dans le bois, et découvrirent un peu plus loin un magnifique palais bâti sur une montagne environnée de bois. Les lois de l'hospitalité orientale leur permirent d'y entrer, et le maître les reçut comme un homme libéral et opulent.

Il fut assez bon physionomiste pour découvrir qu'ils n'étoient pas des hôtes ordinaires, et fit servir sa table avec magnificence. L'éloquence d'Imlac attira son attention, et la noble courtoisie de la princesse excita son respect. Quand ils parlèrent de partir, il les pria de rester, et fut le lendemain encore moins disposé que la veille de les laisser aller. Ils se rendirent aisément à son invitation, et la civilité se changea par degrés en familiarité et confidence.

Le prince, voyant tous les domestiques gais et toute la nature sourire autour du palais, ne put s'empêcher d'espérer qu'il y trouveroit enfin ce qu'il cherchoit ; mais quand il fut pour féliciter le maître sur ses jouissances, celui-ci lui répondit avec un soupir : « Ma condition a en effet l'apparence du bonheur ; mais l'apparence est trompeuse. Ma prospérité met ma vie en danger ; le bacha d'Égypte est mon ennemi, à cause de ma richesse et de ma popularité. Jusqu'ici j'ai été protégé contre lui par les princes de la contrée; mais, comme la faveur des grands est incertaine, je ne sais pas quand mes défenseurs peuvent être persuadés de partager le butin avec le bacha. J'ai envoyé mes trésors dans une contrée éloignée, et, à la première alarme, je suis prêt à les suivre. Mes ennemis viendront alors piller ma maison et jouir des jardins que j'ai plantés. »

Ils s'unirent tous à déplorer son danger et dépriser son exil; et la princesse fut si troublée du tumulte de la douleur et de l'indignation, qu'elle se retira dans son appartement. Après avoir séjourné encore quelques jours chez leur honnête hôte, ils partirent pour aller trouver l'hermite.

CHAPITRE XXI.

Le bonheur de la solitude. Histoire de l'hermite.

ILS arrivèrent le troisième jour, sous la conduite des paysans, à la cellule de l'hermite. C'étoit une caverne sur le penchant d'une montagne, ombragée de palmiers, à une telle distance de la cataracte, qu'on n'entendoit plus qu'un léger murmure uniforme, propre à jeter l'esprit dans la méditation, surtout quand il étoit aidé du vent qui siffloit à travers les branches. Le premier essai grossier de la nature avoit été tellement perfectionné par le travail des hommes, que la caverne renfermoit plusieurs appartemens appropriés à différens usages, qui servoient souvent de logement aux voyageurs surpris par la nuit ou la tempête.

L'hermite étoit assis sur un siège à la porte pour jouir de la fraîcheur de la soirée. D'un côté étoient un livre avec des plumes et du papier, et de l'autre des instrumens de mécanique de différentes espèces. Comme ils approchoient de lui, la princesse observa qu'il n'avoit pas l'air d'un homme qui eût trouvé ou pût apprendre le chemin du bonheur.

Ils le saluèrent avec un grand respect, et l'hermite leur rendit leur civilité en homme qui n'ignoroit pas les manières des cours. « Mes enfans, dit-il, si vous avez perdu votre chemin, on vous donnera de bon cœur, pour la nuit, toutes les commodités que cette caverne peut offrir. J'ai de quoi fournir à tous les besoins de la nature ; mais vous ne devez pas vous attendre à des délicatesses dans la cellule d'un hermite. »

Ils le remercièrent, et en entrant furent satisfaits de l'ordre et de la propreté qui y régnoient. L'hermite leur servit de la viande et du vin, quoiqu'il se contentât, lui, de fruits et d'eau. Sa conversation étoit gaie sans légèreté, et pieuse sans enthousiasme. Il gagna bientôt l'estime de ses hôtes, et la princesse se repentit de sa censure précipitée.

Enfin Imlac commença ainsi : « Je ne suis point étonné actuellement que votre réputation soit si étendue ; nous avons entendu parler au Caire de votre sagesse, et sommes venus ici implorer vos conseils pour diriger ce jeune homme et cette dame dans le *choix de vie.* »

— Pour celui qui vit bien, répondit l'hermite, tout genre de vie est bon ; je ne puis donner d'autre règle pour le choix que d'éviter toute apparence de mal. »

— Celui-là évitera le plus certainement le mal, dit le prince, qui se consacrera à cette solitude que vous avez recommandée par votre exemple. »

— Voilà en effet quinze ans que je vis dans cette solitude, dit l'hermite ; mais je ne desire pas que mon exemple ait des imitateurs. Je portai les armes dans ma jeunesse, et fus élevé par degrés jusqu'aux plus hauts grades militaires. Choqué enfin de l'avancement d'un officier plus jeune que moi, et sentant que ma vigueur commençoit à décliner, je résolus de finir mes jours en paix, ayant trouvé le monde plein de pieges, de discorde et de misére. Cette caverne m'ayant servi un jour de refuge contre la poursuite de l'ennemi, je la choisis pour ma derniere demeure. J'employai les ouvriers à y faire des chambres, et la pourvus de tout ce dont je pourrois avoir besoin.

« Pendant quelque tems après ma retraite, je me réjouis comme un matelot battu de la tempête à son entrée dans le port, étant satisfait du passage subit du tumulte et de l'embarras de la guerre à un état de tranquillité et de repos. Quand le plaisir de la nouveauté fut passé, j'employai mes heures à examiner les plantes qui croissent dans la vallée, et les minéraux que je ramassois sur les rochers. Mais cette recherche est maintenant devenue insipide et ennuyeuse. J'ai été pendant quelque tems inconstant et distrait ; mon esprit est troublé de mille perplexités de doute, et d'images vaines qui à tout instant me subjuguent, parce que je n'ai rien de quoi y faire diversion. Quelquefois je suis honteux en pensant que je n'ai pu me mettre à l'abri du vice

vice, qu'en me retirant de l'exercice de la vertu ; et je commence à soupçonner que je fus plutôt poussé par ressentiment, que conduit par religion dans la solitude. Mon imagination se berce de scènes de folie, et je regrette d'avoir tant perdu et gagné si peu. Dans la solitude, si j'échappe à la contagion des méchans, je manque également des conseils et de la conversation des gens de bien. J'ai long-tems comparé les maux avec les avantages de la société, et je suis résolu d'y retourner demain. La vie d'un homme solitaire sera certainement misérable, mais ne sera certainement pas religieuse. »

Ils entendirent sa résolution avec surprise, mais après un instant de silence, ils offrirent de le conduire au Caire. L'hermite déterra un trésor considérable qu'il avoit caché parmi les rochers, et les accompagna à la ville, sur laquelle, en approchant, il jetta des regards de ravissement.

CHAPITRE XXII.

Le bonheur d'une vie menée suivant la nature.

Rassélas alloit souvent à une assemblée d'hommes de lettres qui se réunissoient à des tems fixés, pour faire assaut d'esprit et comparer leurs opinions. Leurs manières étoient grossières, mais leur conversation étoit instructive, et leurs débats vifs, quoique quelquefois trop violens, qu'ils continuoient souvent jusqu'à ce que les disputeurs ne se rappelassent plus de la question sur laquelle ils avoient commencé. Quelques fautes étoient presque générales parmi eux : chacun desiroit dicter au reste, et chacun se plaisoit à écouter le génie ou la science d'un autre qui étoit déprisé.

Rasselas fit part à cette assemblée de son entretien avec l'hermite, et de l'étonnement avec lequel il l'avoit entendu censurer un genre de vie qu'il avoit choisi si mûrement et suivi si louablement. Les sentimens furent partagés. Les uns étoient d'opinion que la folie de son choix eût été justement punie par la condamnation à une persévérance perpétuelle. Un des plus jeunes prononça avec véhémence que c'étoit un hypocrite. Les autres parlèrent du droit qu'a la société au travail des individus, et considérèrent la solitude comme une désertion du devoir. D'autres accordèrent aisément qu'il étoit un tems où les droits du public étoient satisfaits, et où un homme pouvoit avec justice se séquestrer de la société, pour revoir sa vie, et purifier son cœur.

Un qui paroissoit plus affecté du récit que les autres, pensa qu'il étoit probable que l'hermite retourneroit en peu d'années dans sa retraite, et que peut-être si la honte ou la mort ne l'en empêchoient, il retourneroit encore une fois de sa retraite dans le monde. « Car l'espérance du bonheur, dit-il, est une impression si profonde, que la plus longue expérience n'est pas capable de l'effacer. Quel que soit l'état actuel dont nous ressentons et sommes forcés de confesser la misère; cependant quand le même état est de nouveau à une distance de nous, l'imagination nous le représente comme desirable. Mais le tems viendra assurément que le désir ne fera plus notre tourment, et que personne ne sera malheureux que par sa propre faute. »

— C'est, dit un philosophe qui l'avoit entendu avec la marque d'une grande impatience, c'est la condition présente d'un homme sage. Le tems est déjà venu que personne n'est malheureux que par sa propre faute. Rien n'est plus vain que de chercher après le bonheur que la nature a placé avec bonté dans notre pouvoir. Le moyen d'être heureux est de vivre selon la nature, d'obéir à cette loi universelle et inaltérable, imprimée originellement dans tous les cœurs ; qui n'est point écrite par le précepte, mais gravée par la destinée, ni instillée par l'éducation, mais inspirée à notre naissance. Celui qui vit selon la nature n'aura point à souffrir des illusions de l'espérance, ni des importunités du desir ; il recevra et refusera avec une égalité d'ame, et agira ou souffrira selon que la raison des choses le prescrira alternativement. Les autres hommes peuvent s'amuser de définitions subtiles, ou de raisonnemens inextricables. Qu'ils apprennent à être sages par des moyens plus aisés ; qu'ils observent la biche de la forêt et la linotte des bois ; qu'ils considèrent la vie des animaux dont les mouvemens sont réglés par l'instinct ; ils obéissent à leur guide et sont heureux. Cessons donc enfin de disputer, et apprenons à vivre : laissons l'embarras des préceptes que ne comprennent pas ceux qui les emploient avec tant de pompe et d'orgueil, et portons avec nous cette maxime simple et intelligible, que *s'écarter de la nature, c'est s'écarter du bonheur.* "

Quand il eut parlé, il jetta les yeux autour de lui avec un air tranquille, et satisfait de la conscience d'avoir rendu un bon office. " Monsieur, dit le prince avec une grande modestie, comme moi, ainsi que tout le reste du genre humain, je desire la félicité, votre discours a attiré ma plus grande attention ; je ne doute point de la vérité d'une situation qu'un homme si instruit a avancée avec tant d'assurance. Qu'il me soit seulement permis de connoître ce que c'est de vivre selon la nature. »

— Quand je trouve des jeunes gens si humbles et si dociles, dit le philosophe, je ne puis leur refuser les avis que mes études m'ont rendu capable de leur donner. Vivre selon la nature, est agir avec l'égard dû à la convenance qui procède des rapports et des qualités des causes et des effets ; de concourir au grand et immuable système de félicité universelle ; de coopérer à la disposition et à la tendance générale du système actuel des choses. »

Le prince trouva bientôt que c'étoit un des sages qu'il comprendroit moins à mesure qu'il l'écouteroit davantage. En conséquence il le salua et garda le silence, et le philosophe le supposant satisfait, et le reste de l'auditoire vaincu, se leva et partit avec l'air d'un homme qui avoit coopéré au système actuel.

CHAPITRE XXIII.

Le prince et sa sœur partagent entr'eux le travail de l'observation.

Rasselas s'en retourna plein de réflexions, ne sachant désormais où diriger ses pas. Il trouva l'homme instruit et l'homme simple ignorant également le chemin du bonheur; mais comme il étoit encore jeune, il se flatta d'avoir du tems de reste pour pousser ses expériences et ses recherches plus loin. Il communiqua à Imlac ses observations et ses doutes, et Imlac lui répondit par de nouveaux doutes et des remarques qui ne lui donnèrent aucune satisfaction. C'est pourquoi il discourut plus souvent et plus librement avec sa sœur qui avoit encore le même espoir que lui, et lui donnoit toujours quelque raison de croire que, quoiqu'il eût été jusqu'ici frustré dans ses espérances, il pouvoit à la fin réussir.

« Nous n'avons connu jusqu'à présent, dit-elle, que les petits du monde; nous n'avons jamais encore été ni grands ni petits. Dans notre patrie, quoique nous eussions la royauté, nous n'avions aucun pouvoir, et dans ce pays-ci nous n'avons point encore vu les retraites particulières de la paix domestique. Imlac ne favorise point notre recherche de peur qu'un jour nous ne le trouvions dans l'erreur. Nous partagerons la tâche entre nous. Vous examinerez ce que l'on peut trouver dans la magnificence des cours, et moi j'observerai l'obscurité de la vie plus humble. Peut-être le commandement et l'autorité sont-ils le suprême bonheur comme fournissant le plus d'occasions de faire du bien ; ou peut-être ce que ce monde peut donner se trouve-t-il dans les habitations plus modestes d'une fortune médiocre, trop petite pour les grands desseins, et trop haute pour l'indigence et la misère. »

CHAPITRE XXIV.

Le prince examine le bonheur des hautes conditions.

Rasselas applaudit au dessein, et parut le lendemain avec un train splendide à la cour du bacha. Sa magnificence le fit bientôt distinguer et admettre, comme un prince que la curiosité avoit amené des contrées éloignées, à une liaison étroite avec les grands officiers, et à une fréquente conversation avec le bacha lui-même.

Il inclina d'abord à croire qu'il devoit être content de sa condition, celui que tout le monde approchoit avec respect, et écoutoit avec obéissance, et qui avoit le pouvoir d'étendre ses édits dans tout un royaume « Il ne peut y avoir de plaisir, dit-il, égal à celui de ressentir en même tems la joie d'avoir fait des millions d'hommes heureux par une sage administration. Cependant puisque par la loi de la subordination, ce sublime délice ne peut être dans une nation que le partage d'un seul, il est certainement raisonnable de penser qu'il y a quelque satisfaction plus populaire et plus accessible, et que des millions d'hommes peuvent être difficilement assujettis à la volonté d'un seul, uniquement pour remplir son cœur d'un contentement incommunicable. »

Ces pensées étoient souvent dans son esprit et il ne trouvoit aucune solution de la difficulté. Mais comme les présens et les civilités lui obtinrent plus de familiarité, il trouva que presque tous ceux qui gouvernoient, haïssoient tous les hommes et en étoient haïs, et que leur vie étoit une suite continuelle de complots et de découvertes, de stratagèmes et de bévues, de factions et de trahisons. Un grand nombre de ceux qui entouroient le bacha n'avoient été envoyés que pour surveiller sa conduite et en rendre compte ; chaque langue murmuroit la censure, et chaque œil cherchoit à découvrir une faute.

Enfin les lettres de révocation arrivèrent ; le bacha fut conduit dans les chaînes à Constantinople, et il ne fut plus question de son nom.

« Que devons-nous maintenant penser des prérogatives du pouvoir, dit Rasselas à sa sœur ; est-il sans aucune efficacité pour le bonheur, ou le degré subordonné est-il seulement dangereux, et le suprême sûr et glorieux ? Le sultan est-il le seul homme heureux dans ses états ? ou le sultan est-il lui même sujet aux tourmens du soupçon, et à la crainte d'ennemis ? »

Peu de tems après, le second bacha fut déposé. Le sultan à qui il devoit son élévation, fut assassiné par les janissaires, et son successeur eut d'autres vues et d'autres favoris.

CHAPITRE XXV.

La princesse poursuit sa recherche avec plus de diligence que de succès.

LA princesse en même tems s'insinuoit dans plusieurs familles ; car il est peu de portes fermées à la libéralité jointe au bon naturel.

Les filles de la plupart des maisons étoient folâtres et enjouées, mais Nekayah avoit été trop long-tems accoutumée à la conversation d'Imlac et de son frere, pour se plaire beaucoup à une légereté puérile et un babil insignifiant. Elle trouva leurs pensées étroites, leurs desirs bas, leur gaité souvent artificielle. Leurs plaisirs, pauvres comme ils étoient, ne pouvoient être conservés purs; mais étoient empoisonnés par de petites rivalités et une émulation indigne. Elles étoient jalouses de la beauté les unes des autres ; qualité à laquelle le souci ne peut rien ajouter, ni la médisance rien ôter. Plusieurs étoient éprises d'amour pour des folâtres comme elles, et plusieurs s'imaginoient avoir de l'amour lorsque véritablement elles n'étoient que folles. Comme leur affection ne reposoit ni sur le sentiment ni sur la vertu, rarement elle finissoit autrement que dans le chagrin. Leur affliction toutefois, comme leur joie, étoit passagère; chaque chose flottoit dans leur esprit, sans liaison avec le passé ou l'avenir, de manière qu'un desir faisoit aisément place à un autre, comme une seconde pierre jettée dans l'eau efface et détruit les cercles de la première.

Avec ces filles la princesse joua comme avec des animaux innocens, et les trouva orgueilleuses de sa protection, et ennuyées de sa compagnie.

Mais son dessein étoit de faire un examen plus profond, et son affabilité persuada aisément les cœurs qui étoient gonflés de douleur de décharger leurs secrets dans son oreille, et ceux que l'espérance caressoit ou qui jouissoient de la prospérité, la sollicitèrent souvent de partager leur plaisir.

La princesse et son frère se rencontroient ordinairement le soir dans un cabinet particulier d'un jardin sur les bords du Nil, et se racontoient mutuellement les événemens de la journée. Comme ils étoient assis à côté l'un de l'autre, la princesse jetta les yeux sur la rivière qui couloit devant elle. « Réponds, dit-elle, puissant père des eaux, toi qui roules tes flots à travers quatre-vingts nations, réponds aux invocations de la fille de ton roi natal, dis-moi si tu arroses dans tout ton cours une seule habitation de laquelle tu n'entendes les murmures de la plainte ? »

— Vous n'êtes donc, dit Rasselas, pas plus heureuse dans les maisons des particuliers, que je ne l'ai été dans les cours. »

— Depuis le dernier partage de nos recherches, dit la princesse, je me suis insinuée familièrement dans plusieurs maisons qui avoient la plus belle apparence de prospérité et de paix, et je n'en connois aucune qui ne soit fréquentée par quelque furie qui détruit son repos.

« Je ne cherchai point l'aisance parmi les pauvres, parce que je conclus qu'on ne pouvoit l'y trouver. Mais je vis un grand nombre de pauvres que j'avois supposé vivre dans l'abondance. La pauvreté a, dans les grandes cités, des apparences fort différentes : elle prend souvent le masque de la splendeur, et souvent celui de l'extravagance. C'est le soin d'une très-grande partie du genre humain de cacher leur indigence aux autres : ils se soutiennent par des expédiens temporaires, et chaque jour est perdu à en imaginer de nouveaux pour le lendemain.

» Ce fut un mal, que, quoique fréquent, je vis pourtant avec moins de peine, parce que je pouvois le soulager. Cependant les uns ont refusé mes bontés, plus choqués de ma pénétration à découvrir leurs besoins, que satisfaits de mon empressement à les secourir, et les autres que leur état de détresse forçoit de recevoir mes services, n'ont jamais pu le pardonner à leur bienfaitrice. Plusieurs néanmoins ont été sincèrement reconnoissans sans l'ostentation de la gratitude, ou sans l'espérance d'autres faveurs. »

CHAPITRE XXVI.

La princesse continue ses remarques sur la vie privée.

NEKAYAH voyant l'attention de son frère fixée, continua ses remarques.

« Dans les familles, soit pauvres soit riches, la discorde règne ordinairement : si, comme nous dit Imlac, un royaume est une grande famille, une famille est également un petit royaume déchiré par les factions et exposé aux révolutions. Un observateur inexpérimenté s'attend que l'amour des parens et des enfans sera constant et égal ; mais cette tendresse continue rarement au-delà des années de l'enfance : en peu de tems les enfans deviennent rivaux de leurs parens. Les bienfaits sont diminués par les reproches, et la reconnoissance avilie par l'envie.

» Les parens et les enfans agissent rarement de concert : chaque enfant s'efforce de s'approprier l'estime ou la tendresse des parens ; et ceux-ci, avec encore plus de facilité se trahissent mutuellement pour leurs enfans ; ainsi les uns mettent leur confiance dans le père, et les autres dans la mère, et par degrés, la maison est remplie d'artifices et d'inimitiés.

» Les opinions des enfans et des parens, des jeunes et des vieux, sont naturellement opposées, par les effets contraires de l'espérance et du désespoir, de l'attente et de l'expérience, sans crime ou folie de part et d'autre. Les couleurs de la vie dans la jeunesse et l'âge paroissent différentes, comme la face de la nature dans le printems et en hiver. Et comment peuvent croire les enfans aux assertions de parens, que leurs propres yeux leur montrent être fausses?

» Peu de parens agissent de manière à établir leurs maximes par le pouvoir de leur vie. Le vieillard se confie tout entier à l'artifice lent et à la progression graduelle; le jeune homme espère forcer son chemin par le génie, la vigueur et la précipitation. Le vieillard rend des égards aux richesses, et le jeune homme révère la vertu. Le vieillard déifie la prudence; le jeune homme se commet à la magnanimité et au hasard. Le jeune homme qui n'a aucune mauvaise intention, croit que personne n'est mal-intentionné, et agit en conséquence avec franchise et loyauté. Mais son père ayant supporté les injustices de la fraude, est forcé de la soupçonner, et porté trop souvent à la pratiquer. L'âge voit avec colère la témérité de la jeunesse, et la jeunesse avec mépris le scrupule de l'âge. Ainsi les parens et les enfans, pour la plupart, vivent pour s'aimer de moins en moins; et si ceux que la nature a unis si étroitement sont les tourmens les uns des autres, où chercherons-nous la tendresse et la consolation ? »

— Assurément, dit le prince, vous devez avoir été malheureuse dans le choix de vos connoissances : je ne puis croire que le plus tendre de tous les rapports soit ainsi empêché dans ses effets par nécessité naturelle. »

— La discorde domestique, répondit Nékayah, n'est ni inévitablement ni fatalement nécessaire; mais encore n'est-il point aisé de l'éviter. Nous voyons rarement que toute une famille soit vertueuse. Le bon et le méchant ne peuvent s'accorder; et le méchant peut encore moins s'accorder avec aucun autre : même les vertueux se désunissent quelquefois, quand leurs vertus sont de différentes espèces, et tendent aux extrêmes. En général, ces parens ont le plus de respect pour ceux qui le méritent le plus; car celui qui vit bien ne peut être méprisé.

» Plusieurs autres maux infestent la vie privée. Les uns sont les esclaves de domestiques auxquels ils ont confié leurs affaires.

Les autres sont dans une continuelle anxiété par le caprice de riches parens, auxquels ils ne peuvent plaire, et qu'ils n'osent offenser. D'autres sont des maris impérieux, et d'autres des femmes perverses. Et comme il est toujours plus aisé de faire le mal que le bien, quoique la sagesse ou la vertu de l'un puisse faire fort rarement plusieurs heureux, la folie ou le vice de l'autre peut faire plusieurs malheureux. »

— Si tel est l'effet du mariage, dit le prince, je regarderai à l'avenir comme dangereux d'unir mes intérêts avec ceux d'un autre, de peur que je ne fusse malheureux par ma paternité. »

— J'en ai rencontré plusieurs, dit la princesse, qui vivent dans le célibat pour cette raison ; mais je n'ai jamais trouvé que leur prudence dût exciter l'envie. Ils passent leur vie sans amitié, sans tendresse, et sont forcés de se débarrasser de la journée qui leur est à charge, par des amusemens puérils ou des plaisirs vicieux. Ils agissent comme des êtres sous le sentiment constant de quelque infériorité connue, qui remplit leur esprit de haine et leur langue de censure. Ils sont bourrus à la maison, et malveillans au-dehors ; et, comme les proscrits de la nature humaine, font leur occupation et leur plaisir de troubler cette société qui les exclut de ses privilèges. Vivre sans ressentir ou exciter la compassion, être heureux sans ajouter à la félicité des autres, ou affligé sans goûter le baume de la pitié, est un état plus sombre que la solitude : ce n'est point un état, c'est l'exclusion du genre humain. Le mariage a beaucoup de peines, mais le célibat n'a aucun plaisir. »

— Que donc faire ? dit Rasselas ; plus nous cherchons, moins nous pouvons résoudre. »

CHAPITRE XXVII.

Recherche sur la grandeur.

La conversation fut suspendue un instant. Le prince, après avoir considéré l'observation de sa sœur, lui dit qu'elle avoit regardé la vie avec l'œil du préjugé, et supposé la misère où elle ne la trouva point. « Votre récit jette encore une obscurité plus épaisse sur les perspectives de l'avenir. Les prédictions d'Imlac n'étoient que de foibles esquisses des maux peints par Nékayah. J'ai été convaincu dernièrement que le repos n'est point le fils de la grandeur, ou du pouvoir ; que sa présence ne peut être achetée par la richesse, ni conquise par les armes. Il est évident que plus est vast[e] le circuit où agit un homme, plus il doit êtr[e] exposé à l'opposition de la haine, ou à la faut[e] du hasard. Quiconque a un grand nombr[e] d'hommes à satisfaire ou à gouverner, doi[t] employer le ministère de plusieurs agens don[t] les uns seront méchans, et les autres ignoran[s;] ceux-ci l'égareront, ceux-là le trahiront. S'[il] accorde des faveurs à l'un, il offensera l'autre[,] car ceux qui n'en recevront point, regarderon[t] cette négligence comme une injustice, et puis[que] que les faveurs ne peuvent être accordées qu'à [un] petit nombre, le grand nombre sera toujour[s] mécontent. "

— Un mécontentement aussi déraisonnable[,] dit la princesse, j'espère avoir toujours l[a] force de le mépriser, et vous le pouvoir de l[e] réprimer. "

— Le mécontentement, répondit Rasselas[,] ne sera pas toujours sans raison sous la plu[s] juste et la plus vigilante administration de[s] affaires publiques. Personne, quelqu'attent[if] qu'il soit, ne peut pas toujours découvrir [le] mérite que l'indigence ou la cabale peuve[nt] obscurcir; et personne, tant puissant soit-il[,] ne peut pas toujours le récompenser. Cepen[-] dant celui qui voit le mérite inférieur passe[r] avant lui, imputera naturellement cette pré[-] férence à la partialité ou au caprice; et certainement on peut à peine espérer que personne, quelle que soit la magnanimité de son caractère, ou l'illustration de sa condition, soit capable de persister constamment dans la distribution d'une justice fixe et inexorable; tantôt il se montrera complaisant pour ses propres affections, et tantôt pour celles de ses favoris; il permettra aux uns de satisfaire celui même qui ne peut jamais le servir. Il découvrira en ceux qu'il aime des qualités que, dans la réalité, ils ne possèdent pas; et à ceux qui lui procurent du plaisir, il s'efforcera à son tour d'en procurer. Ainsi prévaudront quelquefois les recommandations achetées à prix d'argent, ou la corruption, plus destructive, de la flatterie et de la servilité.

» Celui qui a beaucoup à faire, fera quelque injustice, et il doit supporter les suites de cette injustice; et quand même il seroit possible qu'il pût toujours agir avec équité, cependant lorsqu'il en est un si grand nombre pour juger de sa conduite, le méchant le censurera et s'opposera à ses bonnes intentions par malveillance, et quelquefois même le bon par erreur.

» On ne peut donc espérer que les plus hautes conditions soient le séjour du bonheur, que je croirois volontiers avoir fui les trônes et les palais pour habiter les demeures de l'humble et tranquille obscurité. Car qui peut troubler la satisfaction, ou détruire les espérances de celui dont le pouvoir est proportionné à sa condition, qui voit de ses propres yeux tout le circuit de son influence, qui choisit d'après sa propre connoissance ceux en qui il se confie, et dont aucun n'est tenté de le tromper par espoir ou par crainte? Assurément il n'a rien à faire que d'aimer et d'être aimé, d'être vertueux et d'être heureux.

— Que le parfait bonheur, dit Nékayah, puisse être procuré par la parfaite bonté, c'est ce que ce monde ne fournira jamais une occasion de décider. Mais ce que l'on peut du moins soutenir, c'est que nous ne trouvons pas toujours l'apparence du bonheur à proportion de l'apparence de la vertu. Tous les maux naturels et presque tous les maux politiques sont également communs au méchant et au bon : ils sont confondus dans le fléau d'une famine, et peu distingués dans la rage d'une faction; ils sont engloutis ensemble dans une tempête, et sont chassés ensemble de leur patrie par les envahisseurs. Tout ce que la vertu peut fournir, est la tranquillité de conscience, et une espérance assurée d'un état plus heureux ; cette considération peut nous rendre capables de supporter la calamité avec patience ; mais nous rappeler que la patience doit supposer la peine. »

CHAPITRE XXVIII.

Rasselas et Nékayah continuent leur conversation.

« Chère princesse, dit Rasselas, vous tombez dans les erreurs ordinaires de la déclamation exagérée, en produisant, dans une recherche particulière, des exemples de calamités nationales et étendues, que l'on trouve plutôt dans les livres que dans le monde, et qui, comme elles sont horribles, doivent être rares. N'entretenons point notre imagination de maux que nous ne ressentons point, et n'insultons pas à la vie par de faux exposés. Je ne puis souffrir cette éloquence plaintive qui menace chaque ville d'un siége comme celui de Jérusalem, qui fait porter la famine sur chaque nuée de sauterelles, et suspend la peste sur chaque bouffée qui sort du midi.

» Toute dispute est vaine sur les maux nécessaires et inévitables qui accablent en même tems les royaumes ; quand ils arrivent, on doit les supporter. Mais il est évident que ces éclats de calamité universelle sont plus redoutés que sentis. Des milliers d'hommes fleurissent dans la jeunesse, et se fanent dans l'âge sans connoître d'autres maux que les maux domestiques, et partagent les mêmes plaisirs et les mêmes peines soit que leurs rois soient doux ou cruels, que les armées de leur pays poursuivent leurs ennemis, ou se retirent devant eux. Pendant que les cours sont troublées par des rivalités intestines, et que les ambassadeurs négocient dans les pays étrangers, le forgeron se tient toujours à son enclume, et l'agriculteur suit sa charrue; les besoins de la vie se renouvellent et sont satisfaits, et les saisons continuent de faire successivement leurs révolutions accoutumées.

» Cessons de considérer ce qui, peut-être, n'arrivera jamais, et ce qui, quand il arrivera, se jouera de la contemplation humaine. Ne nous efforçons point de modifier les mouvemens des élémens, ou de fixer la destinée des royaumes. Notre affaire est de considérer ce que des êtres comme nous peuvent exécuter; chacun travaillant pour son bonheur, d'avancer dans sa sphère, quelqu'étroite qu'elle soit, le bonheur des autres.

» Le mariage est évidemment prescrit par

la nature ; l'homme et la femme étant faits l'un pour l'autre, je ne puis qu'être persuadé que le mariage est un des moyens de bonheur. »

— Je ne sais, dit la princesse, si le mariage vaut mieux qu'une des manières innombrables d'être malheureux. Quand je vois et calcule les différentes formes de la misère conjugale, les causes inattendues de la discorde, les incompatibilités d'humeurs, les diversités d'opinion, les chocs rudes de desir contraire où les deux époux sont pressés par de violentes impulsions, les débats opiniâtres de vertus opposées que l'un et l'autre soutiennent par la consience d'être bien intentionnés, quand je vois tout cela, je suis quelquefois disposée à penser avec les casuistes plus sévères de la plupart des nations, que le mariage est plutôt permis qu'approuvé, et que personne ne s'engage dans un lien indissolube, qu'à l'instigation d'une passion qu'il a trop écoutée. »

— Vous semblez oublier, répliqua Rasselas, que vous avez représenté tout à l'heure le célibat comme moins heureux que le mariage. L'une et l'autre conditions peuvent être mauvaises, mais elles ne peuvent être toutes deux les pires. Ainsi il arrive quand les opinions fausses sont admises, qu'elles se dé-

-truisent mutuellement l'une et l'autre, et laissent l'esprit ouvert à la vérité. »

— Je ne m'attendois pas, répondit la princesse, à entendre imputer à la fausseté ce qui n'est que la suite de la fragilité. Il est difficile à l'esprit comme à l'œil de comparer avec exactitude des objets vastes dans leur étendue, et différens dans leurs parties. Où nous voyons ou concevons le tout à la fois, nous remarquons aisément les différences et décidons la préférence : mais de deux systèmes dont ni l'un ni l'autre ne peut être vu par personne dans son circuit entier de grandeur et dans ses nombreuses complications, qu'est-il étonnant, que jugeant du tout par parties, je sois alternativement affectée par l'une et par l'autre, puisque chacune presse ma mémoire ou mon imagination ; nous différons de nous-mêmes précisément comme nous différons chacun les uns des aurtes, comme dans les rapports différens de la politique et de la morale : mais quand nous appercevons le tout à la fois, comme dans les calculs arithmétiques, nous nous accordons tous dans un même jugement, et personne ne varie plus son opinion.

— N'ajoutons pas, dit le prince, aux autres maux de la vie l'amertume de la controverse troversse, et ne nous efforçons point de disputer l'un avec l'autre par les subtilités de l'argument. Nous sommes employés dans une recherche du succès de laquelle nous devons également jouir tous les deux, ou souffrir de la non réussite. Du malheur du mariage vous concluez certainement trop à la hâte contre son institution ; la misère de la vie ne prouvera également point que la vie ne peut pas être le présent du ciel ; le monde doit être peuplé par le mariage, ou peuplé sans lui. »

— Comment le monde doit être peuplé, répliqua Nekayah, ce n'est point mon souci, et ce ne doit point être le vôtre. Je ne vois aucun danger à ce que la génération présente manquât de laisser des successeurs après elle : nos recherches actuelles ne sont point pour le monde, mais pour nous-mêmes. »

CHAPITRE XXIX.

Continuation du débat sur le mariage.

« Le bien du tout, dit Rasselas, est le même que le bien de toutes ses parties. Si le mariage est le plus avantageux pour le genre humain, il doit être évidemment le plus avantageux pour les individus, ou un devoir permanent et nécessaire doit être la cause du mal, et les uns doivent être sacrifiés inévitablement à la convenance des autres. Dans l'appréciation que vous avez faite des deux états, il paroît que les incommodités du célibat sont, en quelque sorte, nécessaires et certaines, mais celles de l'état conjugal accidentelles et évitables. Je ne puis m'empêcher de me flatter que la prudence et la bienveillance rendront le mariage heureux. La folie générale du genre humain est la cause de la plainte générale. Peut-on attendre autre chose que le malheur et le repentir d'un choix fait dans la fougue de la jeunesse, dans l'ardeur du désir, sans raison, sans prévoyance, sans s'assurer de la conformité de goûts, de manières, de la rectitude de jugement, ou de la pureté de sentiment ?

« Voici la manière ordinaire de faire un mariage. Un jeune homme et une jeune fille, se rencontrant par hasard, ou amenés ensemble par artifice, échangent des œillades, des civilités réciproques, s'en retournent à la maison, et rêvent l'un de l'autre. Ayant peu de chose pour distraire l'attention, ou diversifier la pensée, ils ne se trouvent point à l'aise quand ils sont à part, et concluent en conséquence qu'ils seront heureux ensemble. Ils se marient, et découvrent ce que l'aveuglement seul et volontaire avoit caché auparavant. Ils passent la vie dans les altercations, et accusent la nature de cruauté.

» De ces mariages précoces naît également la rivalité des parens et des enfans. Le fils est plutôt ardent à jouir du monde, que le père n'est disposé à l'oublier, et il y a difficilement place pour deux générations à la fois. La fille commence à fleurir avant que la mère se croie fanée, et toutes les deux ne peuvent s'empêcher de desirer l'absence de l'autre.

» Certainement tous ces maux peuvent être évités par la délibération et le délai que la prudence prescrit pour un choix irrévocable. Dans la variété et la gaité des plaisirs de la jeunesse, on peut assez bien supporter la vie sans l'aide d'une compagne. Le tems augmentera l'expérience, et des vues plus étendues permettront mieux les occasions de recherche et de choix : il y aura du moins un avantage certain, c'est que les parens seront visiblement plus vieux que leurs enfans. »

— Ce que la raison ne peut recueillir, dit Nekayah, et ce que l'expérience n'a point encore appris, ne peut être reconnu que par le rapport des autres. On m'a dit que les mariages mûrs ne sont pas fort heureux. C'est une question trop importante pour être négligée, et je l'ai souvent soumise à ceux dont les suffrages méritoient de la considération par l'exactitude de leurs remarques et l'étendue de leurs connoissances. Ils ont généralement décidé qu'il est dangereux pour un homme et une femme de remettre leur destinée l'un pour l'autre à un tems où les opinions sont fixées et les habitudes établies, où des amitiés ont été contractées de part et d'autre, où la vie a été tracée en méthode, et où l'esprit a long-tems joui de la contemplation de ses propres perspectives.

» Il est difficilement possible que deux personnes, voyageant à travers le monde sous la conduite du hasard, eussent été conduites toutes les deux vers le même sentier, et il n'arrivera pas souvent que l'un ou l'autre veuille quitter le chemin que l'habitude a rendu agréable. Quand la légèreté passagère de la jeunesse est fixée, elle est bientôt remplacée par l'orgueil qui a honte de céder, ou l'opiniâtreté qui aime à disputer. Et même quoique la mutuelle estime produise le mutuel désir de plaire, le tems lui-même, comme il modifie l'air extérieur, détermine aussi la direction des passions, et donne aux manières une rigidité inflexible. Les vieilles habitudes sont difficilement rompues. Celui qui entreprend de changer le cours de sa propre vie, travaille fort souvent en vain; et comment ferons-nous pour les autres ce que nous sommes rarement capables de faire pour nous-mêmes. »

— Mais sans doute, interrompit le prince, vous supposez le principal motif de choix oublié ou négligé. Quand je chercherai une femme, ma première question sera, si elle est disposée à se laisser conduire par raison ? »

— C'est ainsi, dit Nékayah, que les philosophes sont trompés. Il y a mille disputes domestiques que la raison ne peut jamais décider, des questions qui échappent à la prévoyance, et rendent la logique ridicule; des cas où il faut faire quelque chose, et dire peu. Considérez l'état du genre humain, et informez-vous combien est petit le nombre de ceux qu'on peut supposer agir dans toutes les occasions, soit grandes ou petites, avec toutes les raisons de l'action présente à leur esprit. Misérable seroit au-dessus de toute expression, le couple qui seroit condamné à régler par raison, chaque matin, tous les détails d'une journée domestique.

« Ceux qui se marient dans un âge avancé

éviteront probablement les usurpations de leurs enfans ; mais, en diminution de cet avantage, il est vraisemblable qu'ils les laisseront ignorans et foibles à la merci d'un tuteur ; ou, s'il en étoit autrement, ils doivent du moins sortir du monde avant de voir sages ou grands ceux qu'ils aiment le plus.

» S'ils ont moins à craindre de leurs enfans, ils ont aussi moins à espérer, et ils perdent sans équivalent les plaisirs de l'amour précoce, et l'avantage d'y joindre des manières flexibles et des esprits susceptibles de nouvelles impressions ; qui pouvoient perdre leur diversité par une longue co-habitation, comme des corps tendres, par un frottement continuel, conforment leurs surfaces les unes aux autres.

» Je crois qu'on trouvera que ceux qui se marient tard sont le plus satisfaits de leurs enfans, et que ceux qui se marient de bonne heure le sont de leurs parens. »

— L'union de ces deux affections, dit Rasselas, produiroit tout ce qu'on pourroit desirer. Peut-être il est un tems où le mariage peut les unir, un tems qui n'est ni trop tôt pour le père, ni trop tard pour le mari. »

— Chaque heure, répondit la princesse, confirme mon préjugé en faveur de l'assertion si souvent sortie de la bouche d'Imlac, que la nature met ses présens à la main droite ou à la main gauche. » Ces conditions qui flattent l'espérance et attirent le desir, sont constituées de manière que quand nous approchons de l'une, nous nous éloignons de l'autre. Il est des biens si opposés que nous ne pouvons les saisir en même tems ; et tels que, par trop de prudence, nous pouvons passer entr'eux à une trop grande distance, pour les atteindre à la fois. Telle est souvent la destinée d'une longue réflexion ; celui-là travaille en vain qui s'efforce de faire plus qu'il n'est donné à l'humanité. Ne vous flattez point des contrariétés du plaisir. Des biens sont mis devant vous, faites votre choix, et soyez content. Personne ne peut goûter les fruits de l'automne quand il jouit de l'odeur des fleurs du printems ; personne ne peut en même tems remplir sa coupe à la source et à l'embouchure du Nil. »

CHAPITRE XXX.

Imlac entre et change la conversation.

Ici Imlac entra et les interrompit. « Imlac, dit Raselas, je viens d'entendre de la princesse l'histoire terrible de la vie privée, et je suis découragé de toute recherche subséquente. »

— Il me semble, dit Imlac, que pendant que vous vous occupez du choix de vie, vous négligez de vivre. Vous errez dans une seule cité, qui, quoique vaste et diversifiée, ne peut offrir maintenant que peu de nouveautés, et vous oubliez que vous êtes dans une contrée fameuse parmi les monarchies les plus anciennes pour le pouvoir et la sagesse de ses habitans; une contrée où prirent naissance les sciences qui éclairent le monde, et au-delà de laquelle on ne peut découvrir les arts de la société civile ou de la vie domestique.

« Les anciens Égyptiens ont laissé après eux des monumens d'industrie et de pouvoir devant lesquels on convient que s'obscurcit toute la magnificence européenne. Les ruines de leur architecture sont l'école des architectes modernes; et par les merveilles que le tems a respectées, nous pouvons conjecturer, quoique d'une manière incertaine, ce qu'il a détruit. »

— Je ne suis pas fort curieux, dit Rasselas, de visiter des monceaux de pierre ou des levées de terre : j'ai affaire avec les hommes. Je ne viens point ici pour mesurer des fragmens de temple, ou découvrir des aqueduc engorgés ; mais pour voir les différentes scènes du monde présent. »

— Les choses qui sont maintenant devant nous, dit la princesse, demandent et méritent attention. Qu'ai-je à faire des héros ou des monumens des anciens tems, de ces tems qui ne peuvent jamais revenir, et des héros dont la manière de vie étoit différente de toutes celles que la condition actuelle du genre humain réquiert ou permet. «

— Pour connoître quelque chose, dit le poète, nous devons connoître ses effets ; pour voir les hommes, nous devons voir leurs travaux, afin que nous puissions apprendre ce que la raison a commandé, ou ce que la passion a excité, et trouver quels sont les motifs les plus puissans de l'action. Pour bien juger du présent, nous devons l'opposer au passé ; car tout jugement est comparatif, et on ne peut rien connoître de l'avenir. La vérité est qu'aucun esprit ne s'occupe beaucoup du présent : le passé et l'anticipation remplissent presque tous nos momens. Nos passions sont la joie et le chagrin, l'amour et la haine, l'espérance et la crainte. Le passé est l'objet de la joie et du chagrin, et l'avenir l'est de l'espérance et de la crainte et même l'amour et la haine respectent le passé, car la cause doit avoir été avant l'effet.

» L'état présent des choses est la conséquence du précédent ; et il est naturel de s'informer quelles furent les sources du bien dont nous jouissons, ou du mal que nous souffrons. Si nous agissons seuls par nous-mêmes, la négligence d'étudier l'histoire est imprudente, et elle est coupable, si nous sommes chargés du soin des autres. L'ignorance, quand elle est volontaire, est criminelle ; et on peut accuser de mal avec raison celui qui refusa d'apprendre le moyen de le prévenir.

» Il n'est aucune partie de l'histoire aussi généralement utile que celle qui rapporte les progrès de l'esprit humain, l'amélioration graduelle de la raison, l'avancement successif de la science, les vicissitudes de celle-ci et de l'ignorance, qui sont la lumière et l'obscurité des êtres pensans, l'extinction et la renaissance des arts, et les révolutions du monde intellectuel. Si les récits de batailles et d'invasions sont particulièrement l'affaire des princes, les arts utiles ou les beaux-arts ne doivent point être négligés ; ceux qui ont des royaumes à gouverner, ont des esprits à cultiver.

« L'exemple est toujours plus efficace que le précepte. Un soldat est formé par la guerre, et un peintre doit copier des peintures. En ceci la vie contemplative a cet avantage, que les grandes actions sont rarement vues, mais que les travaux de l'art sont toujours sous la main pour ceux qui désirent connoître ce que l'art a été capable d'exécuter.

« Quand l'œil ou l'imagination est frappée de quelque travail extraordinaire, un esprit actif passe aussitôt aux moyens par lesquels il fut exécuté. Ici commence le véritable usage d'une telle contemplation ; nous agrandissons notre intelligence par de nouvelles idées, et peut-être recouvrons quelque art perdu pour le genre humain, ou apprenons ce qui est moins parfaitement connu dans notre patrie. Du moins nous comparons notre siècle avec les siècles précédens, et ou nous nous réjouissons de nos progrès, ou ce qui est le premier mouvement vers le bon, nous découvrons nos défauts. »

— Je suis prêt à voir, dit le prince, tout ce qui peut mériter ma recherche. »

— Et moi, dit la princesse, je me réjouirai d'apprendre quelque chose des mœurs de l'antiquité. »

— Le monument le plus pompeux de la grandeur Egyptienne, et un des travaux les plus considérables de l'industrie de la main, dit Imlac, sont les pyramides, édifices élevés avant le tems de l'histoire, et dont les annales les plus reculées ne nous fournissent que des traditions incertaines. La plus grande de ces pyramides se soutient encore fort peu endommagée par le tems. »

— Visitons-les demain, dit Nekayah. J'ai souvent entendu parler des pyramides, et je ne dormirai point tranquille que je ne les aie vues dedans et au dehors, de mes propres yeux.

CHAPITRE XXXI.

Ils visitent les pyramides.

La résolution étant ainsi prise, ils sortirent le lendemain. Ils chargèrent des tentes sur leurs chameaux, résolus de rester aux pyramides jusqu'à ce que leur curiosité fût pleinement satisfaite. Ils voyagèrent lentement, examinèrent tout ce qu'il y avoit de remarquable, s'arrêtèrent de tems en tems et conversèrent avec les habitans, et observèrent les apparences différentes des villes ruinées et de celles habitées, de la nature déserte et de la nature cultivée.

Quand ils arrivèrent à la grande pyramide, ils furent étonnés de l'étendue de la base, et de la hauteur de son sommet. Imlac leur expliqua

pliqua pourquoi la forme pyramidale avoit été adoptée pour un édifice élevé dans l'intention de co-étendre sa durée avec celle du monde : il montra que sa diminution graduelle lui donnoit une telle stabilité, qu'elle bravoit toutes les attaques ordinaires des élémens, et pouvoit difficilement être renversée par les tremblemens de terre eux-mêmes, violence naturelle à laquelle on peut le moins résister. Une secousse qui endommageroit la pyramide menaceroit le continent de dissolution.

Ils mesurèrent toutes ses dimensions, et dressèrent leurs tentes au pied. Le lendemain ils se préparèrent à entrer dans ses appartemens intérieurs, et après avoir loué les guides ordinaires, ils montoient au premier passage, quand la favorite de la princesse, regardant dans la cavité, retourna sur ses pas, et trembla. « Pekuah, dit la princesse, de quoi as-tu peur ? »

— De l'entrée étroite, répondit la favorite, et de l'obscurité affreuse. Je n'ose entrer dans un lieu qui doit sûrement être habité par des âmes inquiètes. Les premiers possesseurs de ces terribles voûtes s'éleveront devant nous, et peut-être nous y enfermeront pour toujours. » En disant ces mots, elle passa ses bras autour du col de sa maîtresse.

— Si vous ne craignez que les fantômes, dit le prince, je vous promets sûreté ; il n'y a aucun danger à craindre des morts ; celui qui est une fois enterré ne reparoîtra plus. »

— Que les morts ne reparoissent plus, dit Imlac, c'est ce que je n'entreprendrai point de soutenir contre le témoignage unanime et invariable de tous les âges et de toutes les nations. Il n'est aucun peuple, ignorant ou instruit, chez qui on ne raconte et on ne croie aux apparitions des morts. Cette opinion qui peut-être s'étend aussi loin que le genre humain est répandu, ne pouvoit devenir universelle que par sa vérité : ceux qui n'entendirent jamais parler l'un de l'autre, ne se seroient pas accordé sur une histoire que l'expérience seule peut rendre croyable. Qu'elle soit revoquée en doute par de simples sophistes, ce sentiment n'est pas capable d'affoiblir beaucoup l'évidence générale, et tels qui la nient avec leur langue, la confessent par leurs frayeurs.

» Cependant je ne prétens pas ajouter de nouvelles terreurs à celles qui se sont déjà emparé de Pekuah. Il n'y a aucune raison pour que les spectres fréquentassent plus les pyramides que les autres endroits, ou qu'ils eussent le pouvoir ou la volonté de faire du mal à l'innocence et à la pureté. Notre entrée n'est point une violation de leurs privilèges ; nous ne pouvons rien leur ôter, comment alors pouvons-nous les offenser ? »

— Ma chère Pekuah, dit la princesse, j'irai toujours devant vous, et Imlac vous suivra. Rappelez-vous que vous êtes la compagne de la princesse d'Abissinie. »

— Si la princesse desire que sa servante meure, répliqua la favorite, qu'elle ordonne quelqu'autre mort moins affreuse que la clôture dans cette horrible caverne. Vous savez que je n'ose vous désobéir ; je dois aller si vous me le commandez ; mais si j'entre une fois, je ne reviendrai jamais. »

La princesse voyant que sa frayeur étoit trop forte pour la quereller et lui faire des reproches, l'embrassa et lui dit de rester sous la tente jusqu'à leur retour. Pekuah n'étoit point encore satisfaite, et elle pria la princesse de ne pas poursuivre un dessein aussi affreux que celui de pénétrer dans les retraites des pyramides. « Si je ne puis montrer le courage, dit Nékayah, je ne dois pas apprendre la lâcheté, ni laisser à faire ce qui seul m'a déterminée à venir ici. »

CHAPITRE XXXII.

Ils entrent dans la pyramide.

Pékuah descendit aux tentes, et le reste entra dans la pyramide. Ils passèrent à travers les galeries, regardèrent les voûtes de marbre, et examinèrent la caisse dans laquelle on suppose que le corps du fondateur a été déposé. Ils s'assirent dans une des chambres les plus vastes pour se reposer un instant, avant d'entreprendre de retourner.

« Nous avons maintenant, dit Imlac, satisfait nos esprits d'une vue exacte du plus grand travail de l'homme, excepté la muraille de la Chine.

» Il est fort aisé d'assigner les motifs de cette muraille. Elle protégea une nation riche et craintive contre les incursions de barbares, dont l'ignorance dans les arts leur fit trouver plus aisé de fournir à leurs besoins par rapine que par industrie, et qui de tems en tems se jettoient sur les habitans d'un commerce paisible, comme les vautours fondent sur les oiseaux domestiques. Leur cupidité et leur férocité nécessitèrent la muraille, et leur ignorance la rendit efficace.

» Mais quant aux pyramides on n'a jamais donné aucune raison proportionnée au coût et au travail de l'ouvrage. L'étrécissement des chambres prouve qu'elle ne pouvoit fournir aucune retraite contre les ennemis, et les trésors auroient été déposés au loin avec moins de dépense, et avec autant de sûreté. Elle semble n'avoir été élevée que pour complaire à cette soif de l'imagination qui consume sans cesse la vie, et qui doit être appaisée par quelque entreprise. Ceux qui possèdent déjà tout ce dont ils peuvent jouir, doivent augmenter leurs desirs. Celui qui a bâti par utilité, alors que l'utilité est remplie, doit commencer à bâtir par vanité, et étendre son plan jusqu'au pouvoir le plus reculé du travail des hommes, pour n'être pas réduit de sitôt à former un autre desir.

» Je considère cette puissante structure comme un monument de l'insuffisance des jouissances humaines. Un roi dont le pouvoir est illimité, et qui par ses trésors surmonte tous les besoins réels et imaginaires, est forcé de consoler, par l'érection d'une pyramide, la satiété de la domination et le dégoût des plaisirs, et de distraire l'ennui d'une vie sur son déclin, par la vue de milliers d'hommes travaillant sans fin, et d'une pierre mise sans dessein utile sur une autre pierre. Qui que tu sois, toi, qui n'étant pas content d'une condition médiocre, imagines le bonheur dans la magnificence royale, et rêves que le pouvoir ou les richesses peuvent entretenir l'appétit de la nouveauté de plaisirs perpétuels, examine les pyramides, et confesse ta folie ! »

CHAPITRE XXXXIII.

La princesse éprouve un malheur inattendu.

Ils sortirent et retournèrent à travers la cavité par laquelle ils étoient entrés, et la princesse prépara pour sa favorite un long récit des labyrinthes obscurs, des chambres somptueuses, et des différentes impressions que les variétés du lieu avoient faites sur elle. Mais quand ils eurent rejoint leur suite, ils trouvèrent tout le monde dans le silence et l'abattement : la honte et la crainte étoient peintes sur le visage des hommes, et les femmes étoient à pleurer dans leurs tentes.

Ils n'entreprirent point de deviner ce qui étoit arrivé, mais le demandèrent sur-le-champ. « Vous étiez à peine entrés dans la pyramide, dit un des serviteurs, qu'une troupe d'Arabes fondit sur nous : nous étions en trop petit nombre pour leur résister, et trop lents pour leur échapper. Ils furent autour visiter les tentes, nous mirent sur nos chameaux, et nous conduisoient devant eux, lorsque l'approche de quelques cavaliers turcs les mit en fuite; mais ils saisirent madame Pekuah avec ses deux suivantes, et les emmenèrent : les Turcs, à notre prière, sont maintenant à leur poursuite, mais je crains qu'ils ne puissent les atteindre. »

La princesse fut anéantie de surprise et de chagrin. Rasselas, dans la première ardeur de son ressentiment, ordonna à sa suite de le suivre, et se prépara à poursuivre les brigands, le sabre à la main. « Sire, dit Imlac, que pouvez-vous espérer de la violence ou de la valeur ? Les Arabes sont montés sur des chevaux dressés au combat et à la retraite; nous n'avons que des bêtes de somme. En les poursuivant nous pouvons perdre la princesse, mais nous ne pouvons espérer de délivrer Pekuah. »

Bientôt après les Turcs revinrent, n'ayant pu atteindre l'ennemi. La princesse éclata en nouveaux gémissemens, et peu s'en fallut que Rasselas ne les accusât de poltronnerie ; mais Imlac pensa que la fuite des Arabes n'étoit point un surcroît de malheur; car peut-être ils auroient tué leurs captives, plutôt que de les lâcher.

CHAPITRE XXXIV.

Ils retournent au Caire sans Pekuah.

N'AYANT rien à espérer d'un plus long retardement, ils retournèrent au Caire, se repentant de leur curiosité, blâmant la négligence du gouvernement, déplorant leur imprudence d'avoir négligé de louer une garde, imaginant plusieurs moyens qui auroient pu prévenir la perte de Pékuah, et résolvant de faire quelque chose pour la recouvrer, quoique personne ne pût trouver ce qu'il falloit faire.

Nekayah se retira dans sa chambre, où ses femmes entreprirent de la consoler, en lui disant que tout le monde avoit ses peines, et que madame Pékuah ayant joui pendant long-tems de beaucoup de bonheur dans le monde, pouvoit raisonnablement s'attendre à un changement de fortune. Elles espéroient qu'il lui arriveroit quelque bien en quelque lieu qu'elle fût, et que leur maîtresse trouveroit une autre amie qui pût la remplacer.

La princesse ne leur fit point de réponse,

et elles continuèrent leur espèce de condoléance, non très-affligées dans leur cœur que la favorite fût perdue.

Le lendemain le prince présenta au bacha un mémoire du tort qu'il avoit souffert et une pétition pour le redresser. Le bacha menaça de punir les brigands, mais n'entreprit point de les saisir, aucun renseignement ou description ne pouvant, à la vérité, lui être donnés, qui pussent lui faire diriger la poursuite.

Il parut bientôt que rien ne seroit fait par autorité. Les gouverneurs, étant accoutumés à être informés de plus de crimes qu'ils n'en peuvent punir, se mettent à l'aise par une négligence indistincte, et oublient incontinent la requête, quand ils perdent de vue le pétitionnaire.

Imlac s'efforça alors d'acquérir quelque connoissance par le ministère d'agens secrets. Il en trouva plusieurs qui prétendirent connoître exactement tous les repaires des Arabes, et être en correspondance régulière avec leurs chefs, et qui entreprirent de découvrir Pekuah. D'entre ceux-ci, les uns reçurent de l'argent, et ne revinrent plus; les autres furent payés libéralement pour des nouvelles qui en peu de jours se trouvèrent être fausses. Mais la princesse ne vouloit pas qu'on négligeât d'essayer aucuns moyens, quelqu'improbables qu'ils fussent. Pendant qu'elle étoit en action, elle conservoit l'espérance. A mesure qu'un expédient manquoit, un autre étoit suggéré ; quand un messager s'en revenoit sans avoir réussi, un autre étoit dépêché à un quartier différent.

Deux mois s'étoient passés et on n'avoit point reçu de nouvelles de Pekuah ; les espérances qu'ils s'étoient efforcés mutuellement d'augmenter, devinrent plus languissantes ; et la princesse, quand elle ne vit plus rien à essayer, se laissa aller à un abattement inconsolable et sans espoir. Elle se reprocha mille fois la complaisance facile qu'elle avoit montrée pour sa favorite, en lui permettant de rester derrière elle. « Si ma tendresse, dit-elle, n'avoit point diminué mon autorité, Pekuah n'auroit osé parler de ses terreurs. Elle m'auroit plus craint que les spectres. Un regard sévère et un ordre péremptoire l'auroient forcée à l'obéissance. Pourquoi une folle indulgence a-t-elle prévalu sur moi ? Pourquoi ne parlai-je pas et ne refusai-je de l'écouter ? »

— Grande princesse, dit Imlac, ne vous reprochez pas votre vertu, ou ne la considérez point comme blamable par le mal qu'elle a causé. Votre condescendance pour la timidité de Pekuah étoit généreuse et louable. Quand nous agissons suivant notre devoir, nous commettons l'événement à celui dont les lois gouvernent nos actions, et qui ne souffrira pas que personne soit puni pour son obéissance. Quand, en vue de quelque bien soit naturel soit moral, nous violons les règles qui nous sont prescrites, nous nous écartons des instructions de la sagesse supérieure, et prenons sur nous toutes les conséquences. Personne ne peut assez bien connoître la counexion des causes et des événemens pour s'aventurer de faire mal, dans l'intention de faire bien. Quand nous poursuivons notre dessein par des moyens légitimes, nous pouvons toujours nous consoler du mauvais succès par l'espoir de la recompense à venir. Quand nous ne consultons que notre propre intérêt, et que nous entreprenons de trouver un chemin plus près du bien en franchissant les bornes établies du juste et de l'injuste, nous ne pouvons être heureux, même par le succès, parce que nous ne pouvons échapper au sentiment d'avoir mal fait, mais si nous échouons, le contre-tems est sans consolation. Combien est désespérante la douleur de celui qui sent à la fois les angoisses du crime et le tourment du malheur que le crime attire sur lui.

— Considérez, princesse, quelle eût été votre condition, si madame Pekuah avoit demandé à vous accompagner, et qu'étant forcée de rester sous les tentes, elle eût été enlevée; ou comment auriez-vous supporté la reflexion, si vous l'aviez forcée d'entrer dans la pyramide, et qu'elle fût morte devant vous dans les angoisses de la terreur. »

— Si l'un ou l'autre étoit arrivé, je n'aurois pu supporter la vie jusqu'à présent : J'aurois été torturée par le souvenir d'une telle cruauté, et j'aurois eu horreur de moi-même. »

— Telle est du moins, dit Imlac, la récompense présente de la conduite vertueuse, qu'aucune conséquence malheureuse ne peut nous obliger de nous en repentir. »

CHAPITRE XXXV.

La princesse languit de l'absence de Pekuah.

Nekayah, étant ainsi réconciliée avec elle-même, trouva qu'aucun mal n'est insupportable que lorsqu'il est accompagné de la conscience d'avoir mal fait. Depuis ce tems la violence d'une douleur bruyante la quitta, et elle s'abandonna à une tranquillité sombre, silencieuse silentieuse et pensive. Elle étoit du matin au soir à se rappeler tout ce qu'avoit fait ou dit Pekuah, recueillit avec soin toutes les bagatelles, auxquelles Pekuah avoit attaché une valeur accidentelle, et qui pouvoient rappeler à son esprit quelque petit incident, ou quelque conversation intéressante. Les sentimens de celle qu'elle n'espéroit plus maintenant revoir étoient gravés dans sa mémoire comme des règles de vie, et elle ne prenoit aucune résolution sans conjecturer avant quels eussent été l'opinion et le conseil de Pekuah.

Les femmes qui la servoient, ne connoissant rien de sa condition réelle, elle ne pouvoit leur parler qu'avec précaution et réserve. Elle commença à diminuer sa curiosité, ne se souciant pas beaucoup de s'occuper d'idées sur lesquelles elle n'avoit pas la facilité de s'entretenir. Rasselas s'efforça d'abord de la consoler, et ensuite de la distraire; il loua des musiciens qu'elle parut écouter, mais qu'elle n'écouta point; et fit venir des maîtres pour l'instruire dans différens arts, dont les leçons à la seconde visite avoient besoin d'être recommencées. Elle avoit perdu le goût du plaisir, et l'ambition de l'excellence. Et son esprit, quoique forcé à de courtes distractions, revenoit toujours à l'image de son amie.

M

Tous les matins Imlac recevoit instamment l'ordre de renouveler ses recherches, et tous les soirs on lui demandoit si enfin il avoit reçu des nouvelles de Pekuah, jusqu'à ce que ne pouvant donner à la princesse la réponse qu'elle desiroit, il fut de moins en moins disposé de venir en sa présence. Elle observa sa négligence, et lui ordonna de se rendre auprès d'elle. « Vous ne devez point, dit Nekayah, confondre l'impatience avec le ressentiment, ou supposer que je vous accuse de négligence parce que je suis fâchée de ce que vous ne réussissez pas. Je ne m'étonne pas beaucoup de votre absence ; je sais que les malheureux ne sont point agréables, et que chacun évite naturellement la contagion de la misère. Entendre des plaintes est également pénible pour l'infortuné et le fortuné ; car qui voudroit obscurcir par un chagrin étranger les courts rayons de gaîté que la vie nous donne? ou qui est-ce qui se débattant contre ses propres maux, voudra y ajouter ceux des autres?

» Le tems est arrivé que personne ne sera plus troublé par les soupirs de Nekayah. Ma recherche après le bonheur est maintenant à sa fin. Je suis résolue de me retirer du monde, de toutes ses adulations et de ses fourberies, et de me cacher dans la solitude, sans d'autre soin que de calmer mes pensées, et régler mes heures par une succession non interrompue d'occupations innocentes, jusqu'à ce qu'avec un esprit purifié de desirs terrestres, j'entre dans cet état où j'espere jouir de nouveau de l'amitié de Pekuah. »

— N'embarrassez point votre esprit, dit Imlac, par des déterminations irrévocables, et n'augmentez point le fardeau de la vie par une accumulation volontaire de misère. La lassitude de la retraite continuera ou augmentera quand la perte de Pekuah sera oubliée. Parce que vous avez été privée d'un plaisir, il n'est pas raisonnable de rejetter les autres. »

— Depuis que Pekuah m'a été enlevée, dit la princesse, je n'ai aucun plaisir à rejetter ou à conserver. Celle qui n'a personne à aimer ou à qui se confier a peu à espérer. Elle manque du principe radical du bonheur. Nous pouvons peut-être accorder que la satisfaction que ce monde peut fournir, doit procéder de l'union de la richesse, de la science et de la bonté. La richesse n'est rien lorsqu'elle n'est point employée, et il en est de même de la science quand elle n'est point communiquée : on doit donc en faire part aux autres, et à qui maintenant le puis je faire avec plaisir ? La bonté fournit la seule consolation dont on puisse jouir sans un compagnon, et elle peut être pratiquée dans la retraite. »

— Jusqu'à quel point la solitude peut admettre ou avancer la bonté, c'est ce que je n'entreprendrai point, dit Imlac, de disputer à présent. Rappelez-vous la confession du pieux hermite. Vous desirerez retourner dans le monde quand l'image de votre compagne aura quitté vos pensées. »

— Ce tems, dit Nekayah, n'arrivera jamais. La généreuse franchise, la modeste complaisance, et la fidèle discrétion de ma chère Pekuah, j'en sentirai davantage le besoin à mesure que je vivrai plus long-tems pour voir le vice et la folie. »

— L'état d'un esprit accablé d'un malheur subit, dit Imlac, est comme celui des habitans fabuleux de la terre nouvellement créée, qui lorsque la première nuit les surprit, crurent que le jour ne reviendroit jamais. Quand les nuages du malheur s'amoncellent sur nous, nous ne voyons rien au-delà d'eux, ni ne pouvons imaginer comment ils seront dissipés; cependant un nouveau jour succède à la nuit, et le malheur n'est jamais long-tems sans une aurore de soulagement; mais ceux qui s'obstinent à ne pas recevoir de consolation, font comme les sauvages auroient fait s'ils avoient déposé leurs yeux quand il fit noir. Nos esprits comme nos corps sont dans un flux continuel ; à toute heure on perd quelque chose, à toute heure on en acquiert une autre. Perdre beaucoup à-la-fois est incommode pour chacun ; mais tant que les pouvoirs vitaux restent intacts, la nature trouvera les moyens de réparation. La distance fait le même effet sur l'esprit que sur l'œil, et à mesure que nous coulons sur le courant du tems, tout ce que nous laissons derrière nous va toujours en diminuant, et ce que nous approchons augmente toujours en grandeur. Ne laissez point la vie croupir ; elle deviendra bourbeuse par faute de mouvement ; abandonnez-vous de nouveau au courant du monde ; Pekuah s'évanouira par degrés, vous rencontrerez dans votre chemin quelqu'autre favorite, ou apprendrez à vous répandre dans la conversation générale. »

— Du moins, dit le prince, ne désespérez pas avant que tous les remèdes aient été essayés ; la recherche après l'infortunée dame est toujours continuée, et sera poussée avec une plus grande diligence encore, à condition que vous promettrez d'attendre une année pour l'événement, sans prendre une résolution irrévocable. »

Nekayah trouva cette condition raisonnable, et fit la promesse à son frère qui avoit été conseillé par Imlac de la demander. Imlac n'avoit pas à la vérité grand espoir de recouvrer Pekuah, mais il supposoit que s'il pouvoit sauver l'intervalle d'un an, il n'y auroit plus à craindre que la princesse se renfermât dans un cloître.

CHAPITRE XXXVI.
Pekuah est toujours présente au souvenir de la princesse. Progrès du chagrin.

NEKAYAH voyant que rien n'étoit négligé pour retrouver sa favorite, et ayant, par sa promesse, mis un délai à son dessein de retraite, commença à retourner imperceptiblement à ses occupations et à ses plaisirs ordinaires. Elle se réjouissoit malgré elle de la suspension de son chagrin, et se surprenoit quelquefois indignée d'éloigner de son esprit le souvenir de celle qu'elle résolut cependant de ne jamais oublier.

Elle fixa alors une heure de la journée pour méditer sur les mérites et la tendresse de Pekuah, et pendant quelques semaines se retira au tems fixé, et revenoit avec des yeux gonflés et un air sombre. Par degrés elle devint moins scrupuleuse, et supporta tout obstacle important et pressant suscité pour lui faire différer le tribut des larmes journalières. Elle céda alors aux moindres occasions; quelquefois elle oublia ce qu'elle craignoit en effet de se rappeler, et enfin s'affranchit tout à fait du devoir de l'affliction périodique.

Cependant son amour réel pour Pekuah n'étoit point diminué. Mille rencontres la rappeloient à sa mémoire, et mille besoins que la confiance et l'amitié peuvent seules satisfaire, la faisoient regretter fréquemment. C'est pourquoi elle sollicitoit Imlac de ne jamais se désister de la recherche, et de ne négliger aucun moyen d'intelligence, afin que du moins elle pût avoir la consolation de savoir qu'elle ne souffroit point par négligence ou par lenteur. « Cependant, dit-elle, que doit-on attendre de notre poursuite de bonheur, lorsque nous trouvons l'état de la vie, tel que le bonheur lui-même est la cause de la misère? Pourquoi nous efforcerions-nous d'atteindre ce dont la possession ne peut être assurée? Je craindrai désormais que mon cœur ne cède à l'excellence, quelqu'éclatante qu'elle soit, ou à la tendresse, malgré sa douceur, de peur que je ne perdisse de nouveau ce que j'ai perdu dans Pekuah. »

CHAPITRE XXXVII.

La princesse apprend des nouvelles de Pekuah.

SEPT mois après, un des messagers, qui avoit été envoyé le jour que la promesse fut tirée de la princesse, revint, après plusieurs courses inutiles, des frontières de Nubie, avec la nouvelle que Pekuah étoit entre les mains d'un chef arabe, qui possédoit un château ou forteresse à l'extrémité de l'Égypte. L'arabe, dont le butin faisoit les revenus, étoit disposé à la rendre avec ses deux suivantes pour 200 onces d'or.

On ne disputa point sur le prix. La princesse fut dans l'extase du ravissement quand elle apprit que sa favorite étoit vivante, et pouvoit être rachetée à si bon marché. Elle ne pouvoit penser de différer un moment le bonheur de Pekuah ou le sien propre, et pria son frère de renvoyer le messager avec la somme demandée. Imlac étant consulté, ne croyoit pas beaucoup à la véracité du messager, et doutoit encore davantage de la foi de l'arabe, qui pouvoit, si on s'y confioit trop libéralement, retenir à la fois l'argent et les captives. Il regardoit comme dangereux de se mettre au pouvoir de l'arabe, en allant dans son désert, et ne pouvoit espérer que le brigand voulût s'exposer lui-même à venir dans la basse contrée où il pouvoit être saisi par les troupes du bacha.

Il est difficile de négocier où il n'y a point de sûreté de part et d'autre. Mais Imlac, après quelque délibération, dit au messager de proposer que Pekuah seroit conduite par dix cavaliers au monastère de St. Antoine qui est situé dans les déserts de la Haute-Egypte, où se trouveroit le même nombre d'hommes et où sa rançon seroit payée.

Pour ne point perdre de tems, comme ils espéroient que la proposition ne seroit pas refusée, ils se mirent aussitôt en route pour le monastère. Et quand ils arrivèrent, Imlac avança avec le messager jusqu'à la forteresse de l'arabe. Rasselas desiroit aller avec eux, mais ni sa sœur ni Imlac ne voulurent y consentir. L'arabe, suivant la coutume de sa nation, observa les loix de l'hospitalité avec une grande exactitude envers ceux qui se mettoient en son pouvoir, et en peu de jours mena Pekuah avec ses suivantes, à petites journées, au lieu indiqué, où, recevant le prix stipulé, il la rendit avec un grand respect à la liberté et à ses amis, et se chargea de les reconduire jusques vers le Caire sans craindre le vol ou la violence.

La princesse et sa favorite se précipitèrent dans les bras l'une de l'autre avec un transport trop violent pour être exprimé, et sortirent ensemble pour verser en secret les larmes de la tendresse, et échager les témoignages d'affection et de reconnoissance. Peu d'heures après elles retournèrent dans le réfectoire du couvent, où en présence du prieur et de ses frères, le prince invita Pekuah à raconter l'histoire de ses aventures.

CHAPITRE XXXVIII.

Aventures de Pekuah.

« Vos serviteurs vous ont informés, dit Pekuah, quand et de quelle manière je fus enlevée. La rapidité de l'événement me frappa de surprise, et je fus d'abord plutôt stupéfiée qu'agitée d'aucune passion soit de la crainte ou de la douleur. Mon trouble augmenta par la vîtesse et le tumulte de notre fuite pendant que nous fûmes poursuivis par les turcs, qui, comme il parut, désespérèrent bientôt de nous atteindre, ou eurent peur de ceux qu'ils faisoient mine de menacer.

» Quand les arabes se virent hors de danger, ils rallentirent leur course, et comme j'étois moins harassée par la violence extérieure, je commençai à sentir davantage l'inquiétude de mon esprit. Après quelque tems de marche, nous nous arrêtâmes proche une fontaine ombragée d'arbres dans une prairie charmante, où on nous mit à terre et nous offrit les mêmes rafraîchissemens que partageoient nos maîtres. On me permit de m'asseoir à part avec mes suivantes, et personne n'entreprit de nous consoler ou de nous insulter. Ici je commençai à sentir pour la première fois tout le poids de mon infortune. Mes femmes pleuroient en silence, et de tems en tems me regardoient prêtes à me secourir. J'ignorois quel sort on nous réservoit ; je ne pouvois conjecturer où seroit le lieu de notre captivité, ni si j'aurois quelque espoir de délivrance. Etant dans les mains de brigands et de sauvages, je n'avois aucun sujet de supposer qu'ils eussent plus de pitié que de justice, ou qu'ils s'abstiendroient d'assouvir l'ardeur de quelque desir, ou le caprice de la cruauté. J'embrassai toutefois mes suivantes, et m'efforçai de les tranquilliser en remarquant que nous étions cependant traitées avec décence, et que puisque nous étions maintenant hors de toute poursuite, il n'y avoit aucun danger de violence pour nos vies.

» Quand nous fûmes pour être remises à cheval, mes femmes se collèrent contre moi et refusèrent d'être séparées, mais je leur ordonnai de ne pas irriter ceux qui nous tenoient en leur pouvoir. Nous voyageâmes le reste de la journée à travers une contrée déserte et non frayée, et arrivâmes au clair de la lune sur le penchant d'une montagne, où campa le reste de la troupe. Ils dressèrent leurs tentes et allumèrent leurs feux, et notre chef fut accueilli comme un homme fort aimé de ses partisans.

» Nous fûmes reçues dans une large tente, où nous trouvâmes des femmes qui avoient suivi leurs maris dans l'expédition. Elles nous servirent le souper qu'elles avoient apprêté, et je mangeai plutôt pour encourager mes suivantes que pour satisfaire mon appétit. Quand on eut desservi, ils étendirent des tapis pour reposer. J'étois fatiguée, et j'espérois trouver dans le sommeil cet adoucissement de malheur que la nature refuse rarement. Ordonnant en conséquence à mon nain de me déshabiller, j'observai que les femmes me regardoient très-fixement, ne s'attendant pas apparemment de me voir servie avec tant de soumission. Quand mon premier vêtement supérieur fut ôté, elles parurent frappées de la splendeur

de

de mes habits, et une d'entr'elles porta une main tremblante sur la broderie. Elle sortit alors, et revint un instant après avec une autre femme qui paroissoit être d'un rang plus élevé et d'une autorité plus grande. A son entrée, elle fit la révérence accoutumée, et me prenant par la main, elle me plaça dans une tente plus petite, étendit de plus beaux tapis, où je passai la nuit tranquillement avec mes suivantes.

» Le matin, comme j'étois assise sur le gason, le chef de la troupe vint à moi. Je me levai pour le recevoir, et il s'inclina avec un grand respect. « Illustre dame, dit-il, ma fortune est meilleure que je n'avois espéré; j'ai su par mes femmes que j'ai une princesse dans mon camp. »

— Monsieur, répondis-je, vos femmes se sont trompé et vous ont trompé; je ne suis point une princesse, mais une malheureuse étrangère, qui avoit intention de quitter bientôt cette contrée où je dois maintenant être prisonnière pour toujours. »

— Quelle que soit votre condition, ou de quelque pays que vous soyez, reprit l'arabe, votre costume et celui de vos suivantes annoncent que vous devez être d'un rang élevé, et vos richesses considérables. Pourquoi vous,

N

qui pouvez si aisément payer votre rançon, vous croiriez-vous en danger d'une perpétuelle captivité ? L'objet de mes incursions est d'augmenter mes richesses, ou, pour mieux dire, de faire payer tribut. Les fils d'Ismaël sont les maîtres naturels et héréditaires de cette partie du continent qui est usurpée par des envahisseurs modernes et de vils tyrans à qui nous sommes forcés d'enlever par l'épée ce qui est refusé à la justice. La violence de la guerre n'admet aucune distinction ; la lance qui est levée sur le crime et le pouvoir tombera quelquefois sur l'innocence et la douceur. »

— Que je m'attendois peu, dis je, que hier elle dût tomber sur moi ! »

— Si l'œil de l'hostilité pouvoit connoître le respect ou la pitié, l'injure eût épargné une excellence comme la vôtre. Mais les anges de l'affliction étendent également leurs peines sur le bon et sur le méchant, sur le puissant et sur le foible. Rassurez-vous ; je ne suis point un des brigands sans loix et cruels du désert ; je connois les règles de la vie civile ; je fixerai votre rançon, donnez un passeport à votre messager, et exécutez ma stipulation avec une exacte ponctualité. »

» Vous croirez aisément que je fus satisfaite de cette courtoisie ; et trouvant que sa passion dominante étoit le desir de l'argent, je commençai alors à croire mon danger moins grand, car je savois que nulle somme ne seroit jugée trop considérable pour le rachat de Pekuah. Je lui dis qu'il n'auroit pas sujet de m'accuser d'ingratitude, si j'étois traitée avec bonté, et que la rançon, telle qu'on devoit l'attendre d'une fille d'un rang ordinaire, lui seroit payée, mais qu'il ne devoit pas persister à m'estimer comme une princesse. Il dit qu'il réfléchiroit à ce qu'il demanderoit, puis me salua en souriant et se retira.

» Bientôt après les femmes se rendirent auprès de moi, s'efforçant de se montrer toutes plus officieuses les unes que les autres, et mes suivantes furent elles-mêmes servies avec respect. Nous poursuivîmes notre voyage à petites journées. Le quatrième jour le chef me dit que ma rançon seroit de deux cents onces d'or que non-seulement je lui promis, mais lui dis que j'y en ajouterois cinquante de plus, si moi et mes suivantes étions traitées honorablement.

» Je ne connus jamais le pouvoir de l'or avant. Depuis ce tems je fus le guide de la troupe. La marche de chaque jour étoit ou plus longue ou plus courte selon que je l'ordonnois, et les tentes étoient dressées dans l'endroit que je choisissois. Nous avions alors des chameaux et d'autres commodités pour le voyage, mes propres femmes étoient à mon côté, et je m'amusai à observer les mœurs des nations errantes, et à examiner les restes d'anciens édifices, qui, dans quelque siécle reculé, paroissent avoir follement embelli ces contrées désertes.

» Le chef de la bande étoit un homme loin d'être ignorant; il étoit capable de voyager par l'astronomie ou avec la boussole, et dans son expédition vagabonde, avoit remarqué tous les lieux les plus dignes de l'attention d'un voyageur. Il m'observa que les édifices sont toujours mieux conservés dans des endroits peu fréquentés, et de difficile accès; car, quand une fois une contrée décline de sa splendeur primitive, les habitans hâtent eux-mêmes la ruine de leurs édifices. Les murs fournissent des pierres plus aisément que les carrières, et les palais et les temples seront démolis pour faire des étables de marbre grenu, et des cabanes de porphyre. »

CHAPITRE XXXIX.

Suite des aventures de Pekuah.

Nous voyageâmes de cette manière pendant quelques semaines, soit, comme le prétendoit notre chef, pour mon plaisir, ou plutôt comme je le soupçonnois, pour sa propre convenance. Je m'efforçai de paroître contente parce que la mauvaise humeur et le ressentiment auroient été inutiles, et cet effort contribua beaucoup à rendre le calme à mon esprit; mais mon cœur étoit toujours avec Nekayah, et les troubles de la nuit l'emportoient de beaucoup sur les amusemens du jour. Mes femmes dont tous les soins étoient pour leur maîtresse, du moment qu'elles me virent traitée avec respect, reprirent leur sérénité, et cédèrent aisément à l'adoucissement accidentel de notre voyage sans inquiétude ou sans chagrin. J'étois satisfaite de leur plaisir, et encourageois leur assurance. Ma condition avoit perdu beaucoup de sa terreur, depuis que je trouvai que l'arabe faisoit des courses sur la contrée uniquement dans l'intention d'amasser des richesses. L'avarice est un vice uniforme et traitable. Les autres dispositions intellectuelles sont différentes selon les différentes constitutions de l'esprit; ce qui flatte l'orgueil de l'un offensera l'orgueil de l'autre; mais pour arriver à la faveur de l'avare, il est un chemin aisé, apportez de l'argent et rien ne vous sera refusé.

» Enfin nous arrivâmes à la demeure de

notre chef; c'est une maison forte et spacieuse bâtie de pierre dans une île du Nil, qui, comme on me le dit, est sous le tropique.

« Madame, dit l'arabe, vous vous reposerez de votre voyage quelques semaines dans cet endroit où vous devez vous considérer comme souveraine. Mon occupation est la guerre : c'est pourquoi j'ai choisi cette obscure résidence d'où je puis sortir inopinément, et où je puis me retirer sans craindre la poursuite. Vous pouvez maintenant reposer en assurance : il y a peu de plaisirs, mais il n'y a aucun danger. » Il me conduisit alors dans les appartemens intérieurs, et me plaçant sur la plus riche couche, il me fit une inclination jusqu'à terre.

» Ses femmes qui me considéroient comme une rivale, me regardèrent avec malignité; mais étant bientôt informées que j'étois une grande dame qu'on ne retenoit que pour ma rançon, elles commencèrent à me donner à l'envi des marques de complaisance et de respect.

» Consolée de nouveau par de nouvelles assurances d'une prompte liberté, la nouveauté du lieu fit diversion, pendant quelques jours, à mon impatience. Les tourelles jouissoient d'une perspective très-étendue, de leurs fenêtres l'œil se plaisoit à suivre les détours du

Nil. Le jour j'errois d'un lieu dans un autre, selon que le soleil varioit la magnificence de la scène, et je voyois plusieurs choses que je n'avois jamais vues avant. Les crocodilles et les hippopotames sont communs dans cette contrée déserte, et souvent je les regardois avec terreur, quoique je susse qu'ils ne pouvoient me faire de mal. Pendant quelque tems j'espérai voir les syrènes et les tritons, que, comme me l'a dit Imlac, les voyageurs européens ont placés dans le Nil, mais aucun de ces êtres ne parut jamais, et l'arabe, quand je lui en parlai, se moqua de ma crédulité.

» La nuit, l'arabe m'attendoit toujours dans une tour particulière pour les observations des astres, où il s'efforçoit de m'apprendre les noms et le cours des étoiles. Je n'avois aucune inclination pour cette étude, mais une attention apparente étoit nécessaire pour plaire à mon instituteur qui faisoit grand cas de sa science, et d'ailleurs c'étoit un moyen de chasser l'ennui du tems qui devoit s'écouler parmi les mêmes objets. J'étois fatiguée de voir le matin les choses que j'avois quittées le soir avec dégoût : c'est pourquoi j'aimai mieux à la fin observer les étoiles que de ne rien faire ; mais je ne pouvois calmer mes pensées, et j'étois souvent occupée de Nekayah, lorsqu'on me croyoit contemplant le firmament. Bientôt après l'arabe partit pour une autre expédition, et alors mon seul plaisir fut de m'entretenir avec mes suivantes de l'accident de notre enlèvement, et du bonheur dont nous jouirions toutes à la fin de notre captivité. »

— Il y avoit des femmes dans la forteresse de votre arabe, dit la princesse, pourquoi n'en faisiez-vous pas vos compagnes, ne jouissiez-vous pas de leur conversation et ne partagiez-vous pas leurs plaisirs? Dans un lieu où elles trouvoient de l'occupation et de l'amusement pourquoi étiez-vous seule en proie à une mélancolie oisive? ou pourquoi ne pouviez-vous supporter pendant un petit nombre de mois cette condition à laquelle elles étoient condamnées pour la vie? »

— Les plaisirs des femmes, répondit Pekuah, n'étoient qu'un jeu puéril qui ne pouvoit satisfaire un esprit accoutumé à des choses plus importantes. Tout ce qu'elles se plaisoient à faire, je pouvois le faire machinalement; mes facultés intellectuelles vous avoient suivis au Caire. Elles couroient de chambre en chambre comme un oiseau saute de barreau en barreau dans sa cage. Elles dansoient pour le plaisir du mouvement, comme les agneaux bondissent dans une prairie. L'une prétendoit être blessée afin de pouvoir alarmer tout le reste, où se cachoit pour que l'autre pût la chercher. Partie de leur tems étoit employée à examiner le progrès de corps légers qui flottoient sur la rivière, et partie à remarquer les différentes formes dans lesquelles les nuages se rompoient au firmament.

» Leur seul travail étoit celui de l'aiguille dans lequel moi et mes suivantes les aidions quelquefois ; mais vous devez penser que l'esprit dut aisément s'écarter des doigts ; et vous ne soupçonnerez pas que la captivité et l'absence d'auprès de Nekayah pussent trouver de la consolation dans des fleurs de soie.

» On ne devoit pas espérer beaucoup de satisfaction de leur conversation, car de quoi pouvoit-on s'attendre qu'elles parleroient ? Elles n'avoient rien vu ; car elles avoient vécu depuis les premières années de leur jeunesse dans cette demeure étroite : elles ne pouvoient avoir aucune connoissance de ce qu'elles n'avoient point vu, car elles ne pouvoient lire. Elles n'avoient aucunes idées que celles du petit nombre d'objets qui étoient sous leurs yeux, et savoient à peine les noms d'autre chose que de leurs vêtemens et de leurs alimens. Comme je portois un caractère supérieur, j'étois souvent appelée pour terminer leurs querelles que je décidois aussi équitablement que je pouvois. Si j'avois pu m'amuser du récit des plaintes de chacune contre le reste, j'aurois été souvent retenue par de longues histoires, mais les motifs de leur animosité étoient si petits que je ne pouvois les entendre sans les interrompre. »

— Comment, dit Rasselas, l'arabe que vous représentez comme un homme doué de qualités plus qu'ordinaires, comment peut-il trouver du plaisir dans son sérail quand il est plein de femmes comme celles-ci ? Sont-elles parfaitement belles ? »

— Elles ne manquent point, dit Pekuah, de cette beauté sans expression et qui ne touche point, qui peut subsister sans vivacité ou sans élévation, sans énergie de pensée ou sans la dignité de la vertu. Mais pour un homme comme l'arabe une telle beauté n'étoit qu'une fleur cueillie par hasard et jettée ensuite avec négligence. Quelques plaisirs qu'il pût trouver parmi elles, ce n'étoient point ceux de l'amitié ou de la société. Quand elles jouoient autour de lui, il les regardoit avec une supériorité indifférente. Quelquefois, quand elles se disputoient sa faveur, il se retiroit avec dégoût. Comme elles n'avoient aucune connoissance, leur discours ne pouvoit rien ôter à l'ennui du tems. Comme elles n'avoient aucun choix, leur tendresse ou apparence de tendresse n'excitoit en lui ni orgueil ni reconnoissance ; il n'étoit point exalté dans sa propre estime par les sourires d'une femme qui ne voyoit point d'autre homme, ni ne se trouvoit beaucoup attiré par ces égards dont il ne pouvoit jamais connoître la sincérité, et qu'il pouvoit souvent appercevoir qu'on lui témoignoit non pas tant pour lui faire plaisir que pour punir une rivale. Ce qu'il donnoit et qu'elles recevoient comme de l'amour, n'étoit qu'une distribution nonchalante de tems superflu, c'étoit un amour tel qu'un homme peut accorder à celle qu'il méprise, et qui ne cause ni espérance ni crainte, ni joie ni chagrin. «

— Vous avez raison, madame, dit Imlac, de vous estimer heureuse d'avoir été renvoyée aussi aisément. Comment un esprit affamé de la science pouvoit-il, dans une famine intellectuelle, se résoudre à perdre un banquet tel que la conversation de Pekuah ? »

— Je suis portée à croire, répondit Pekuah, qu'il fut pendant quelque tems indécis ; car, malgré sa promesse, quand je proposois d'expédier un messager au Caire, il trouvoit quelque excuse pour différer. Pendant que je fus détenue dans sa maison, il fit plusieurs incursions dans les contrées voisines, et peut-être eût-il refusé de me relâcher, si son butin avoit été égal à ses desirs. Il revenoit toujours poli, racontoit ses aventures, aimoit à entendre mes observations, et s'efforçoit d'augmenter mes progrès dans l'astronomie. Quand je l'importunois d'envoyer mes lettres, il me cajoloit avec des protestations d'honneur et de sincérité; et quand il ne pouvoit plus me refuser décemment, il mettoit ses troupes en mouvement, et me laissoit gouverner en son absence. J'étois vivement affligée de ce délai étudié, et craignois quelquefois que l'on ne m'oubliât, que vous ne quittassiez le Caire et que je ne dusse finir mes jours dans une île du Nil.

» Enfin je me laissai aller à l'abattement et au désespoir, et me souciai si peu de le recevoir, que pendant un tems il rechercha plus fréquemment la compagnie de mes suivantes. Comme il eût été également fatal qu'il conçût de l'amour pour elles ou pour moi, je craignois que l'amitié n'augmentât. Mon anxiété ne fut pas longue; car, comme je recouvrai quelque degré de gaîté, il revint à moi, et je ne pus m'empêcher de mépriser ma première inquiétude.

» Il différoit toujours d'envoyer pour ma rançon

rançon, et peut-être ne s'y seroit-il jamais déterminé, si votre agent n'eût trouvé son chemin jusqu'à lui. L'or qu'il ne vouloit pas faire venir, il ne put le refuser quand il fut offert. Il hâta les préparatifs pour notre voyage ici, comme un homme débarrassé d'un combat intérieur. Je pris congé de mes compagnes de la maison, qui me renvoyèrent avec une froide indifférence. »

Nekayah, après avoir entendu l'histoire de sa favorite, se leva et l'embrassa, et Rasselas lui donna cent onces d'or qu'elle présenta à l'arabe pour les cinquante qui étoient promises.

CHAPITRE XL.

Histoire d'un savant.

Ils retournèrent au Caire, et furent si satisfaits de se trouver ensemble, qu'aucun d'eux ne sortit beaucoup. Le prince commença à aimer la science, et déclara un jour à Imlac qu'il vouloit s'y consacrer, et passer le reste de ses jours dans la solitude littéraire.

« Avant de faire votre choix final, répondit Imlac, vous devez examiner ses hasards, et converser avec ceux qui ont vieilli dans la compagnie d'eux-mêmes. Je viens de quitter l'observatoire d'un des astronomes les plus instruits dans le monde, qui a donné quarante ans d'attention infatigable aux mouvemens et aux apparences des corps célestes, et s'est enfoncé dans des calculs sans fin. Il admet un petit nombre d'amis une fois par mois pour entendre ses conclusions et jouir de ses découvertes. Je fus introduit comme un savant digne de sa connoissance. Les hommes dont les idées sont différentes et la conversation aisée, sont ordinairement bien accueillis chez ceux dont les pensées ont été long-tems fixées sur un seul point, et qui sentent s'échapper les images d'autres choses. Mes remarques lui plurent, il sourit au récit de mes voyages, et fut joyeux d'oublier les constellations, pour descendre un moment dans le monde inférieur.

» Le lendemain je renouvelai ma visite, et fus assez heureux pour lui plaire de nouveau. Il relâcha depuis ce tems la sévérité de sa règle, et me permit d'entrer quand je voudrois. Je le trouvai toujours occupé, et toujours satisfait d'être soulagé. Comme chacun savoit beaucoup de choses que l'autre étoit désireux d'apprendre, nous échangions nos connoissances avec un grand plaisir. Je m'apperçus que je m'insinuois chaque jour davantage dans sa confiance, et trouvai toujours un nouveau sujet d'admiration pour la profondeur de son esprit. Son intelligence est vaste, sa mémoire étendue et fidèle, son discours est méthodique et son expression claire.

» Son intégrité et sa bienfaisance égalent sa science. Il interrompt de bon cœur ses recherches les plus profondes et ses études les plus favorites pour quelqu'occasion de faire du bien par son conseil ou par ses richesses. Dans sa retraite la plus étroite, dans ses momens les plus occupés, tous ceux qui ont besoin de ses secours sont admis : « car, quoique j'exclue l'oisiveté et les plaisirs, jamais, dit-il, ma porte ne sera fermée à la charité. La contemplation du firmament est permise à l'homme, mais la pratique de la vertu est commandée. »

— Sûrement, dit la princesse, cet homme est heureux. »

— Je le visitai de plus en plus, et à chaque fois je fus plus épris de sa conversation : il étoit sublime sans fierté, poli sans formalité, et communicatif sans ostentation. Je fus d'abord, grande princesse, de votre opinion ; je le crus le plus heureux des hommes, et le félicitai souvent sur le bonheur dont il jouissoit. Il sembloit ne rien entendre avec indifférence que l'éloge de sa condition, auquel il donnoit toujours une réponse générale, et détournoit la conversation sur quelqu'autre sujet.

» Parmi cette disposition à être satisfait et à satisfaire, j'eus bientôt lieu de voir que quelque sentiment pénible oppressoit son esprit. Il portoit souvent des regards fixes vers le soleil, et laissoit tomber sa voix au milieu de son discours. Tantôt, lorsque nous étions seuls, il me regardoit en silence avec l'air d'un homme qui avoit envie de dire ce qu'il étoit cependant résolu d'étouffer. Il vouloit souvent m'envoyer chercher avec l'injonction véhémente de me hâter, quoique, quand j'arrivois chez lui, il n'eût rien d'extraordinaire à dire. Et tantôt, lorsque je le quittois, il vouloit me rappeler, s'arrêtoit un instant, et alors me renvoyoit. »

CHAPITRE XLI.

L'astronome découvre la cause de son inquiétude.

« Enfin le tems vint que le secret éclata sans réserve. Nous étions assis ensemble la nuit dernière dans la tourelle de sa maison, épiant l'émersion d'un satellite de Jupiter. Une tempête subite obscurcit le firmament, et empêcha notre observation. Après un instant de silence dans l'obscurité, il s'adressa à moi en ces termes : « Imlac, j'ai long-tems considéré ton amitié comme le plus grand bonheur de ma vie. L'intégrité sans la science est foible et inutile, et la science sans l'intégrité est dangereuse et terrible. J'ai trouvé en toi toutes les qualités requises pour la confiance, la bienfaisance, l'expérience et le courage J'ai long-tems exercé un office que je dois bientôt quitter à l'appel de la nature, et je me réjouirai à l'heure de la foiblesse et de la souffrance de te le confier. »

— Je m'estimai honoré de ce témoignage, et protestai que tout ce qui pourroit contribuer à son bonheur, ajouteroit également au mien. »

— Ecoute, Imlac, ce que tu ne croiras pas sans difficulté. J'ai possédé pendant cinq ans le réglement du tems, et la distribution des saisons : le soleil a obéi à mes loix, et passé de tropique en tropique par ma direction; les nuages, à mon appel, on versé leurs eaux, et le Nil a débordé à mon commandement. J'ai réprimé la rage de la canicule et mitigé les ardeurs de l'écrevisse. Les vents seuls, de tous les élémens, ont refusé jusqu'ici mon autorité, et des milliers d'hommes ont péri par les tempêtes équinoctiales que je n'ai pu prévenir ou réprimer. J'ai administré cet office avec une exacte justice, et fait aux différentes nations une distribution fidèle de pluie et de beau tems. Quel malheur pour la moitié du globe si j'avois borné les nuages à des régions particulières, ou retenu le soleil à chaque côté de l'équateur ? »

CHAPITRE XLII.

L'opinion de l'astronome est expliquée et justifiée.

« Je suppose que l'astronome découvrit en moi, à travers l'obscurité de la chambre, quelques signes d'étonnement et de doute, car, après une courte pause, il continua ainsi:

» Que l'on ne me croie pas aisément, je n'en serai ni surpris ni offensé ; car je suis probablement le premier des êtres humains à qui ce dépôt a été confié. Je ne sais si je dois regarder cette distinction comme une récompense ou comme une peine ; du moment que je l'ai possédé, j'ai été bien moins heureux qu'auparavant, et le sentiment seul d'une bonne action a pu me rendre capable de supporter la fatigue d'une vigilance continuelle.»

— Combien y a-t-il, monsieur, dis je, que que ce grand office est dans vos mains? ».

» Il y a environ dix ans, dit-il, mes observations journalières des changemens du firmament me conduisirent à considérer si, ayant le pouvoir des saisons, je pouvois procurer une plus grande abondance aux habitans de la terre. Cette contemplation s'attacha à mon esprit; et, dans mon empire imaginaire, je fus les jours et les nuits versant sur cette contrée les pluies de fertilité, et secondant chaque ondée d'une proportion convenable de beau tems. Je n'avois encore que la volonté de faire du bien, et ne m'imaginois pas d'en avoir jamais le pouvoir.

» Un jour comme je portois mes regards sur les campagnes brûlées par la chaleur, je sentis tout-à-coup dans mon esprit le desir de pouvoir envoyer de la pluie des montagnes du midi, et de procurer une inondation du Nil. Dans l'ardeur de mon imagination, je commandai à la pluie de tomber; et en comparant le tems de mon commandement avec celui de l'inondation, je trouvai que les nuages avoient obéi à ma voix. »

— Cette rencontre, dis-je, ne pouvoit-elle être produite par quelque autre cause? Le Nil ne s'élève pas toujours le même jour.

— Ne croyez pas, dit-il avec impatience, que de telles objections pussent m'échapper. Je raisonnai long-tems contre ma propre conviction, et travaillai contre la vérité avec la dernière opiniâtreté. Je me soupçonnois quelquefois de folie, et n'aurois osé communiquer le secret qu'à un homme comme vous, capable de distinguer le merveilleux de l'impossible, et l'incroyable du faux. »

— Pourquoi, monsieur, dis-je, appelez-vous incroyable ce que vous savez ou pensez savoir être vrai ? »

— Parce que, dit-il, je ne puis le prouver par aucune évidence extérieure, et je connois trop bien les lois de la démonstration, pour penser que ma conviction pût influer sur un autre qui ne peut, comme moi, avoir la conscience de sa force. C'est pourquoi je n'entreprendrai point d'obtenir du crédit par la dispute. Il suffit que je sente ce pouvoir que j'ai long-tems possédé, et que chaque jour augmenta. Mais la vie de l'homme est courte, les infirmités de l'âge m'accablent de plus en plus, et le tems viendra bientôt que le régulateur de l'année doit se mêler avec la poussière. Le soin de nommer un successeur m'a long-tems troublé ; le jour et la nuit ont été employés à comparer tous les caractères qui sont venus à ma connoissance, et je n'en ai encore trouvé aucun aussi digne que toi. »

CHAPITRE XLIII.
L'astronome laisse ses instructions à Imlac.

« Ecoute en conséquence ce que je te vais communiquer ; écoute avec l'attention que demande la prospérité du monde. Si on considère comme difficile la tâche d'un roi qui n'a soin que d'un petit nombre de millions d'hommes, à qui il ne peut faire beaucoup de mal, quelle doit être l'inquiétude de celui de qui dépendent les actions des élémens et les grands présens de la lumière et de la chaleur! Ecoute-moi en conséquence avec attention.

» Après avoir considéré soigneusement la position de la terre et du soleil, je formai des plans innombrables par lesquels je changeai leur situation. Tantôt j'ai changé l'axe de la terre, et tantôt j'ai fait parcourir au soleil un nouvel écliptique ; mais j'ai trouvé qu'il étoit impossible de faire une nouvelle disposition plus avantageuse au monde : ce qu'une région gagne, une autre le perd, par un désavantage facile à concevoir ; et même je ne considère point la partie éloignée du système solaire que nous ne connoissons point.

« C'est pourquoi, dans ton administration de l'année, ne satisfais point ton orgueil par l'innovation ; ne prends pas plaisir à penser que que tu peux te rendre fameux dans les siècles à venir par le déréglement des saisons. La mémoire du mal n'est point une réputation desirable. Ne te laisse point gouverner par tendresse ou par intérêt. Ne prive jamais les autres contrées de la pluie, pour la verser sur la tienne propre. Pour nous, le Nil est suffisant. »

» Je promis que, quand je serois maître du pouvoir, j'en userois avec une intégrité inflexible, et il me renvoya en me serrant la main. « Mon cœur, dit-il, sera maintenant tranquille, et ma bienveillance ne détruira plus mon repos. J'ai trouvé un homme sage et vertueux à qui je puis léguer avec joie l'héritage du soleil. »

Le prince écouta ce récit avec un air fort sérieux, mais la princesse sourit, et Pekuah éclata de rire. « Mesdames, dit Imlac, il est également contre la charité et la sagesse de se moquer des afflictions humaines. Peu sont capables d'atteindre à la science de cet homme, et peu pratiquent ses vertus ; mais tous peuvent souffrir son malheur. Des incertitudes de notre état présent, la plus terrible et la plus alarmante est la continuation incertaine de la raison. »

La princesse se recueillit et la favorite fut honteuse. Rasselas plus profondément affecté, demanda à Imlac s'il croyoit de telles maladies de l'esprit fréquentes, et comment elles étoient contractées.

CHAPITRE XLIV.

Le danger de la force de l'imagination.

« LES désordres de l'esprit, dit Imlac, arrivent beaucoup plus souvent que ne le croiront aisément les observateurs superficiels. Peut-être, si nous parlons avec une exactitude rigoureuse, aucun esprit humain n'est dans son état véritable. Il n'est personne dont l'imagination ne triomphe quelquefois de sa raison, qui puisse régler son attention toute entière par sa volonté, et dont les idées iront et viendront à son commandement. On ne trouvera personne dont l'esprit ne soit tyrannisé quelquefois par les idées creuses, et qui le forcent d'espérer ou de craindre au-delà d'une sage probabilité. Tout pouvoir de l'imagination sur la raison est un degré de folie ; mais tant que ce pouvoir est tel qu'on peut le dompter et le réprimer, il n'est point visible pour les autres, ni considéré comme aucune dépravation des facultés mentales : on ne le déclare folie que quand il devient indomptable, et qu'il influe visiblement sur le langage ou sur l'action.

» S'abandonner au pouvoir de la fiction et laisser voler son imagination, est souvent le plaisir de ceux qui sont trop passionnés pour la contemplation silencieuse. Quand nous sommes seuls, nous ne sommes pas toujours occupés, le travail de l'invention est trop violent pour durer long-tems ; l'ardeur de la recherche cédera quelquefois à l'oisiveté et au dégoût. Celui qui n'a aucun objet extérieur qui puisse le distraire, doit trouver du plaisir dans ses propres pensées, et se croire ce qu'il n'est point, car qui est content de ce qu'il est ? Il s'étend sur l'avenir sans bornes, et choisit parmi toutes les conditions imaginables celle qui dans le moment lui plairoit le plus, amuse ses desirs de jouissances impossibles, et donne à son orgueil un empire qu'il ne peut atteindre. L'esprit voltige de scène en scène, unit tous les plaisirs dans toutes les combinaisons, et fait excès de délices

lices, que la nature et la fortune, avec toute leur bonté, ne peuvent procurer.

» Avec le tems, quelque suite particulière d'idées fixe l'attention, tous les autres plaisirs intellectuels sont rejettés; l'esprit, las ou oisif, recourt constamment à la conception favorite, et se repaît de la douceureuse fausseté quand il est choqué de l'amertume de la vérité. Par degrés le règne de l'imagination s'établit; elle devient d'abord impérieuse, et despote avec le tems. Alors les fictions opèrent comme les réalités, les fausses opinions s'emparent de l'esprit, et la vie se passe dans les songes du ravissement ou de l'angoisse.

» C'est un des dangers de la solitude, sire, que l'hermite a confessé n'être pas toujours favorable à l'avancement de la bonté, et que la misère de l'astronome a prouvé n'être pas toujours propice à la sagesse. »

— Je ne m'imaginerai plus, dit la favorite, être la reine d'Abissinie. J'ai souvent employé les heures que la princesse laissoit à ma propre disposition, à ajuster les cérémonies et régler la cour. J'ai réprimé l'orgueil du puissant et octroyé les pétitions du pauvre. J'ai bâti de nouveaux palais dans des situations plus heureuses, planté des bois sur les sommets des montagnes, et ai tressailli de joie dans la bien-

P

faisance de la royauté, jusqu'à ce que la princesse entrant, j'avois presque oublié de me prosterner devant elle. »

— Et moi, dit la princesse, je ne me permettrai plus dans mes rêves d'imagination de jouer la bergère. J'ai souvent flatté mes pensées du repos et de l'innocence de la vie pastorale, jusqu'à avoir entendu dans ma chambre le sifflement des vents et le bêlement de la brebis. Tantôt je débarrassois l'agneau empêtré dans le buisson, et tantôt je combattois le loup avec ma houlette. J'ai un habillement comme celui des filles du village, que je mets pour aider à mon imagination, et un chalumeau sur lequel je joue lentement, et je m'imagine suivie de mon troupeau. »

— J'avouerai, dit le prince, une complaisance pour un plaisir fantastique, plus dangereuse que la vôtre. Je me suis souvent efforcé d'imaginer la possibilité d'un gouvernement parfait, lequel réprimeroit toutes les injustices, réformeroit tous les vices, et maintiendroit tous les sujets dans la tranquillité et l'innocence. Cette pensée produisoit des plans innombrables de réformation, et dictoit plusieurs réglemens utiles et édits salutaires. Cette idée a été le plaisir et quelquefois le travail de ma solitude; et je tressaille quand je pense avec combien peu d'angoisse je supposai une fois la mort de mon père et de mon frère. »

— Tels sont, dit Imlac, les effets de plans visionnaires : quand nous les formons d'abord nous les connoissons pour être absurdes, mais familiarisez-les par degrés, et avec le tems ils perdent l'apparence de leur folie. »

CHAPITRE XLIV.

Conversation avec un vieillard.

LE soir étant alors fort avancé, ils sortirent pour retourner à la maison. Comme ils marchoient le long du bord du Nil, enchantés des rayons de la lune réfléchis sur l'eau, ils virent à une petite distance un vieillard que le prince avoit souvent entendu dans l'assemblée des pihlosophes. « Voilà, dit-il, un de ceux dont les années ont calmé les passions, mais qui n'ont point obscurci sa raison : terminons les recherches de la nuit, en lui demandant quels sont ses sentimens sur son propre état, afin que nous puissions connoître si la jeunesse seule doit se débattre contre l'infortune, et s'il reste quelque espérance meilleure à la dernière partie de la vie. »

Ici le philosophe s'approcha d'eux et les salua. Ils l'invitèrent à se joindre à leur promenade, et jasèrent ensemble comme une connoissance qui en auroit rencontré une autre inopinément. Le vieillard étant gai et causeur, le chemin parut court dans sa compagnie. Satisfait des égards qu'on lui témoignoit, il les accompagna jusqu'à leur maison; et, à la prière du prince, entra avec eux. Ils le placèrent sur le siège d'honneur, et lui servirent du vin et des conserves.

« Monsieur, dit la princesse, une promenade du soir doit donner à un savant comme vous des plaisirs que l'ignorance et la jeunesse peuvent à peine concevoir. Vous connoissez les qualités et les causes de tout ce que vous voyez, les loix par lesquelles la rivière coule, les périodes dans lesquelles les planètes exécutent leurs révolutions. Chaque chose doit vous fournir un sujet de contemplation et renouveller la conscience de votre propre mérite. »

— Madame, répondit-il, laissez les gais et les vigoureux espérer du plaisir dans leurs excursions: il suffit à l'âge de pouvoir obtenir du repos. Pour moi le monde a perdu sa nouveauté: je jette les yeux autour de moi, et vois ce que je me rappelle avoir vu dans des jours plus heureux. Je m'appuie contre un arbre, et considère que sous le même arbre, je disputois autrefois sur le débordement annuel du Nil, avec un ami qui est maintenant dans le silence du tombeau. Je porte mes regards en haut, je les fixe sur le changement de la lune, et réfléchis avec douleur sur les vicissitudes de la vie. J'ai cessé de prendre beaucoup de plaisir dans vla érité physique, car qu'ai-je besoin de ces choses que je dois bientôt quitter? »

—Vous devez du moins vous consoler, dit Imlac, par le souvenir d'une vie honorables et utile, et jouir de la louange que tout le monde s'accorde à vous donner. «

—La louange, dit le philosophe avec un soupir, est pour un vieillard un son vide. Je n'ai ni mère pour être satisfaite de la réputation de son fils, ni épouse pour partager les honneurs de son mari. J'ai survécu à mes amis et à mes rivaux. Rien n'est maintenant de grande importance ; car je ne puis étendre mon interêt au-delà de moi-même. La jeunesse jouit des applaudissemens, parce qu'on la considère comme donnant les plus grandes espérances de quelque bien à venir, et parce que la perspective de la vie est fort étendue : mais quant à moi qui décline maintenant vers la décrépitude, j'ai peu à craindre de la malveillance des hommes, et encore moins à espérer de leur affection ou de leur estime. Ils peuvent cependant m'ôter quelque chose, mais ils ne me peuvent rien donner. Les richesses seroient maintenant inutiles, et les hauts emplois, une peine. La récapitulation de mes années passées rappelle à ma vue plusieurs occasions de bien négligées, beaucoup de tems prodigué dans des riens et encore plus de perdu dans le vide et l'oisiveté. J'ai laissé plusieurs desseins à entreprendre, plusieurs grandes entreprises imparfaites. Comme mon esprit n'est chargé d'aucun crime, je me dispose à jouir de la tranquilité ; je m'efforce de détourner mes pensées de soins et d'espérances, qui, quoique la raison les connoisse pour être vaines, essayent toujours de tenir leur ancienne possession du cœur ; j'attends avec une humilité tranquille cette heure que la nature ne peut long-tems différer ; et espère posséder dans un état plus heureux ce bonheur que je n'ai pu trouver, et cette vertu à laquelle je n'ai point atteint ici. "

Il se leva et s'en fut, laissant son auditoire peu énorgueilli de l'espérance d'une longue vie. Le prince se consola en remarquant qu'il n'étoit pas raisonnable d'être affligé par ce récit; car l'âge n'avoit jamais été considéré comme la saison de la félicité, et que, s'il étoit possible d'être satisfait dans le déclin et la foiblesse, il étoit probable que les jours de vigueur et de gaité pouvoient être heureux; que le midi de la vie pouvoit être brillant, si le soir pouvoit être calme.

La princesse soupçonna la vieillesse d'être plaintive et maligne, et de se plaire à arrêter les espérances de ceux qui étoient entrés nouvellement dans le monde. Elle avoit vu les possesseurs d'états regarder avec envie leurs héritiers, et en avoit connu plusieurs qui ne jouissoient pas de plaisir plus vif que de celui qu'ils pouvoient retenir exclusivement pour eux-mêmes.

Pekuah conjectura que l'homme étoit plus vieux qu'il ne paroissoit, et étoit portée à imputer ses plaintes au délire de l'âge; ou bien supposoit qu'il avoit été infortuné, et que par conséquent il étoit mécontent : « car, dit-elle, rien n'est plus ordinaire que d'appeler notre propre condition, la condition de la vie. »

Imlac n'ayant aucun desir de les voir abattus, sourit aux consolations qu'ils pouvoient se procurer si aisément, et se rappela qu'au même âge il avoit également cru à une prospérité sans mélange, et avoit également été fertile en expédiens de consolation. Il s'abstint de leur inculquer une connoissance désagréable que le tems lui-même n'imprimeroit que trop tôt. La princesse et sa favorite se retirèrent; la folie de l'astronome leur vint à l'esprit, elles ordonnèrent à Imlac d'entrer dans son office et de retarder le matin suivant le lever du soleil.

CHAPITRE XLV.

La princesse et Pekuah visitent l'astronome.

La princesse et Pekuah s'étant entretenu toutes deux de l'astronome d'Imlac, trouvèrent son caractère à la fois si aimable et si étrange, qu'elles ne pouvoient être satisfaites sans en avoir une connoissance plus particulière, et Imlac fut prié de trouver les moyens de les conduire ensemble chez le philosophe.

C'étoit une chose difficile; l'astronome n'avoit jamais reçu aucunes visites de femmes, quoiqu'il vécût dans une ville qui renfermoit plusieurs européens, lesquels suivoient les coutumes de leur propre contrée, et plusieurs des autres parties du monde, qui y vivoient avec la liberté européenne. Les dames ne voulant pas être refusées, plusieurs plans furent imaginés pour l'exécution de leur dessein. Il fut proposé de les introduire comme des étrangers infortunés pour lesquels le philosophe étoit toujours accessible ; mais après quelque délibération, il parut que cet artifice ne pouvoit pocurer sa connoissance, car leur conversation seroit courte, et elles ne pouvoient décemment l'importuner souvent. « Il est vrai, dit Imlac ; mais j'ai encore une objection plus forte contre le déguisement de votre état. J'ai toujours considéré comme une trahison contre la grande république de l'espèce humaine, de faire des vertus de quelqu'un les moyens de le tromper, soit dans les grandes ou dans les petites occasions. Toute imposture affoiblit la confiance et glace la bienfaisance. Quand le sage trouvera que vous n'êtes point ce que vous semblez, il éprouvera le ressentiment naturel à un homme qui, ayant la conscience d'une grande capacité, découvre qu'il a été attrappé par des esprits inférieurs au sien, et peutêtre la défiance qu'il ne pourra jamais dans la suite quitter tout à fait, arrêtera la voix du conseil, et fermera la main charitable ; et où trouverez-vous le pouvoir de rendre ses bienfaits au genre humain, ou à lui-même sa paix ? »

Comme elles n'entreprirent point de répondre à cet argument, Imlac commença à espérer que leur curiosité étoit rallentie ; mais le lendemain, Pekuah lui dit qu'elle avoit trouvé un honnête prétexte pour visiter l'astronome. Elle solliciteroit la permission de continuer sous lui les études dans lesquelles l'avoit commencée l'arabe, et la princesse iroit avec elle soit comme une camarade d'étude, ou parce qu'une femme ne pouvoit aller décemment seule. « Je crains, dit-il, qu'il ne soit bientôt las de votre compagnie ; les hommes fort avancés dans la science n'aiment point à répéter les élémens de leur art, et je doute même que les élémens tels qu'il vous les donnera, liés aux conséquences et mêlés de réflexions, vous soyez bien capable de les entendre. »

— Ceci, dit Pekuah, doit me regarder : je demande seulement que vous m'y conduisiez. Ma science est peut-être plus étendue que vous ne l'imaginez, et en m'accordant toujours avec ses opinions, je la lui ferai penser plus grande qu'elle n'est. »

L'astronome, en conséquence de cette résolution, apprit qu'une dame étrangère, voyageant pour acquérir de la science, avoit entendu parler de sa réputation, et desiroit devenir son écolière. La rareté de la proposition excita tout ensemble sa surprise et sa curiosité, et quand, après une courte délibération, il eut consenti de l'admettre, il ne put attendre sans impatience jusqu'au lendemain.

Les dames prirent des habits magnifiques, et Imlac les accompagna chez l'astronome qui fut satisfait de se voir approché avec respect par des personnes d'une apparence si splendide. Dans l'échange des premières civilités il fut timide et honteux; mais quand la conversation fut fixée, il recueillit ses forces, et justifia le portrait qu'en avoit fait Imlac. Le philosophe demandant à Pekuah ce qui pouvoit avoir tourné son inclination vers l'astronomie, elle lui raconta l'histoire de son aventure, à la pyramide, et du tems qu'elle avoit passé dans l'île de l'arabe. Elle fit ce récit avec une facilité et une élégance qui gagnèrent le cœur de l'astronome. La conversation fut amenée alors sur l'astronomie. Pekuah montra ce qu'elle savoit : il la regarda comme un prodige de génie, et la pria de ne pas abandonner une étude qu'elle avoit si heureusement commencée.

Elles multiplièrent leurs visites, et à chaque fois furent mieux accueillies. Le sage s'efforçoit de les amuser pour les retenir plus longtems, car il trouvoit que ses pensées devenoient plus claires dans leur compagnie; les nuages de l'inquiétude s'évanouissoient par dégrés, à mesure qu'il se contraignoit de les recevoir, et il s'affligeoit quand, à leur départ, il étoit laissé à son ancien emploi de régler les saisons.

La princesse et sa favorite avoient épié alors ses lèvres pendant plusieurs mois, et ne pouvoient saisir un seul mot qui pût leur faire juger s'il conservoit toujours ou non l'opinion de sa commission surnaturelle. Elles méditerent souvent de l'amener à une déclaration ouverte, mais il évitoit aisément toutes leurs attaques, et de quelque côté qu'elles le pressassent, il leur échappoit par quelqu'autre sujet.

Comme leur familiarité augmentoit, elles l'inviterent souvent à la maison d'Imlac, où elles lui témoignoient un respect extraordinaire. Il commença par degrés à goûter les plaisirs sublunaires. Il venoit de bonne heure et partoit tard; il travailla à se rendre recommandable par son assiduité et sa complaisance; excita leur curiosité pour de nouveaux arts, afin qu'elles pussent avoir besoin de son secours; et quand elles faisoient quelqu'excursion de plaisir ou de recherche, il demandoit d'être de la partie.

Après

Après une longue expérience de son intégrité et de sa sagesse, le prince et sa sœur se convainquirent qu'on pouvoit se confier à lui sans danger : et de peur qu'il ne tirât quelques fausses espérances des civilités qu'il recevoit, ils lui découvrirent leur condition avec les motifs de leur voyage, et demandèrent son opinion sur le choix de vie.

« Des différentes conditions que le monde étale devant vous, dit le philosophe, je ne suis pas capable de vous indiquer celle que vous devez préférer. Tout ce que je puis dire c'est que j'ai mal choisi. J'ai passé mon tems à étudier sans expérience ; à acquérir des sciences qui, pour la plus grande partie, peuvent n'être de long-tems utiles au genre humain. J'ai acheté la science aux dépens des plaisirs ordinaires de la vie : j'ai perdu l'élégante et douce amitié du beau sexe, et l'heureux commerce de la tendresse domestique. Si j'ai obtenu quelques prérogatives au-dessus des autres savans, elles ont été accompagnées de crainte, d'inquiétude et de scrupule; mais, même de ces prérogatives quelles qu'elles fussent, j'ai, depuis que l'expérience du monde a diversifié mes pensées, j'ai commencé à douter de la réalité. Quand je me suis laissé aller pendant un petit nombre de jours à une dissipation

Q

agréable, je suis toujours tenté de croire que mes recherches ont fini dans l'erreur, et que j'ai beaucoup souffert, et souffert en vain. »

Imlac fut satisfait de trouver que l'intelligence du philosophe perçoit à travers ses nuages, et résolut de le détourner des planettes jusqu'à ce qu'il oubliât sa tâche de les régler, et que la raison recouvrât son premier pouvoir.

Depuis ce tems l'astronome fut reçu dans leur familiarité, et partagea tous leurs projets et tous leurs plaisirs : cette considération le rendit attentif, et l'activité de Rasselas ne lui laissa pas beaucoup de loisir. Il y avoit toujours quelque chose à faire : le jour étoit employé à faire des observations qui fournissoient à la conversation pour le soir, et le soir étoit clos par un plan pour le lendemain.

Le philosophe avoua à Imlac que depuis qu'il s'étoit mêlé aux joyeux tumultes de la vie, et partageoit ses heures par une suite d'amusemens, il sentoit s'affoiblir par degrés de son esprit la conviction de son autorité sur le firmament, et commençoit à croire moin à une opinion qu'il ne pouvoit jamais prouve aux autres, et qu'il trouvoit maintenant sujette à varier d'après les causes dans lesquelles la raison n'avoit point de part. « Si par hasard je suis laissé seul à moi-même pendant que ques heures, dit-il, ma persuasion invétérée s'empare de mon âme, mes pensées sont enchaînées par quelque force irrésistible, mais elles sont bientôt dégagées par la conversation du prince, et relâchées dans un instant à l'entrée de Pekuah. Je suis comme un homme effrayé habituellement des spectres, qui est soulagé par une lampe, et s'étonne du mort qui le harassoit dans l'obscurité, cependant si sa lampe est éteinte, il sent de nouveau les terreurs qu'il sait qu'il ne ressentira plus quand il fera jour. Mais je crains quelquefois de me montrer complaisant pour mon repos par une négligence criminelle, et d'oublier volontiers le haut emploi qui m'est confié. Si je prends plaisir à rester dans une erreur connue, ou que je me détermine par mon propre intérêt dans une question douteuse de cette importance, combien affreux est mon crime ! »

— Aucune maladie de l'imagination, répondit Imlac, n'est si difficile à guérir que celle qui est compliquée avec la crainte du crime : l'imagination et la conscience agissent alors réciproquement sur nous, et changent si souvent leurs places, que les illusions de l'une ne sont point distinguées des mouvemens de l'autre. Si l'imagination ne présente point d'images morales ou religieuses, l'esprit les rejette quand elles lui donnent de la peine ; mais quand les idées mélancoliques prennent la force du devoir, elles maîtrisent les facultés sans opposition, parce que nous n'osons les exclure ou les bannir. Delà que les superstitieux sont souvent mélancoliques, et les mélancoliques presque toujours superstitieux.

» Mais ne laissez point les suggestions de la timidité triompher de votre meilleure raison : le danger de négligence ne peut-être que selon la probabilité de l'obligation, que, quand vous la considérez avec liberté, vous trouvez fort petite, et devenant chaque jour plus petite encore. Ouvrez votre cœur à l'influence de la lumière qui de tems en tems perce sur vous ; quand les scrupules vous importunent, que, dans vos momens lucides, vous savez être vains, ne vous arrêtez point à parlementer, mais volez à l'occupation ou auprès de Pekuah, et ayez présente cette pensée toujours puissante, que vous n'êtes qu'un atôme de la masse de l'humanité, et que vous n'avez ni si grande vertu, ni si grand vice que vous soyez distingué du reste pour les faveurs ou les afflictions surnaturelles. »

CHAPITRE XLVI.

Le prince entre et change le sujet de la conversation.

» Tout ceci, dit l'astronome, je l'ai souvent pensé, mais ma raison a été subjuguée si long-tems par une idée indomptable et irrésistible, qu'elle n'osoit se fier dans ses propres décisions. Je vois maintenant combien fatalement j'ai trahi mon repos, en souffrant des chimères s'emparer de moi en secret ; mais la mélancolie diminue par la communication, et je ne trouvai jamais un homme avant à qui je pusse confier mes troubles, quoique je fusse certain du soulagement. Je me réjouis de trouver mes sentimens confirmés par les vôtres qui ne sont pas aisément trompés et ne peuvent avoir aucun motif ou dessein de tromper. J'espère que le tems et la variété dissiperont le sombre qui m'a si long-tems environné, et que la dernière partie de mes jours se passera en paix. »

— Votre science et vos vertus, dit Imlac, peuvent à juste titre vous en donner l'espérance. »

Rasselas entra alors avec la princesse et Pekuah, et s'informa s'ils avoient trouvé quelque nouveau plaisir pour le lendemain. « Tel est l'état de la vie, dit Nekayah, que personne n'est heureux que par l'anticipation du changement : le changement lui-même n'est rien ; quand nous l'avons fait, le desir suivant est de changer de nouveau. Le monde n'est point encore épuisé ; permettez-moi de voir demain quelque chose que je n'ai jamais vu. »

— La variété, dit Rasselas, est si nécessaire au plaisir, que même la vallée heureuse me dégoûtoit par le retour de ses jouissances ; cependant je ne pus m'empêcher de me reprocher mon impatience quand je vis les moines de St.-Antoine supporter sans plainte une vie non de délice uniforme, mais de peine uniforme. »

— Ces hommes, répondit Imlac, sont moins malheureux dans le silence de leur couvent, que les prince abissiniens dans leurs prisons de plaisir. Tout ce que les moines font a un motif juste et raisonnable. Leur travail leur fournit le nécessaire ; par conséquent il ne peut être négligé, et est certainement récompensé. Leur dévotion les prépare à un autre état, et leur rappelle son approche, pendant qu'elle les y dispose. Leur tems est régulièrement distribué ; un devoir succède à un autre ; de manière qu'ils ne sont jamais laissés accessibles à la distraction du choix sans guide, ni perdus dans les ombres d'une inactivité nonchalante. Il y a une certaine tâche qui doit être remplie à une heure fixe, et leurs peines sont gaies parce qu'ils les considèrent comme des actes de piété, par lesquels ils avancent toujours vers la félicité sans bornes. »

— Pensez-vous, dit Nekayah, que la règle monastique soit un état plus heureux et moins imparfait qu'un autre ? Ne peut-il également espérer le bonheur à venir, celui qui vivant dans le monde, secourt le malheureux par sa charité, instruit l'ignorant par sa science, et contribue par son industrie au système général de la vie, quoiqu'il négligeât même quelques-unes des mortifications qui sont pratiquées dans le cloître, et qu'il se permît les plaisirs innocens que sa condition peut mettre à sa portée ? »

— C'est une question, dit Imlac, qui a long-tems divisé les sages et embarrassé les bons. Je crains de décider des deux côtés. Celui qui vit bien dans le monde est meilleur que celui qui vit bien dans le cloître. Mais peut-être chacun n'est pas capable de réprimer les tentations de la vie publique ; et s'il ne peut vaincre, il peut se retirer avec raison.

Les uns ont peu de pouvoir pour faire le bien, et ont également peu de force pour résister au mal. Plusieurs sont las de combattre contre l'adversité, et sont bien aises de chasser des passions qui les ont occupés long-tems en vain. Et plusieurs sont renvoyés par l'âge et les infirmités des devoirs plus laborieux de la société. Dans les monastères le foible et le timide peuvent trouver un abri heureux, le fatigué peut se reposer, et le repentant méditer. Ces retraites de prières et de contemplation ont quelque chose de si analogue à l'esprit de l'homme, que peut-être on en trouveroit à peine un qui ne se propose de finir sa vie dans une pieuse abstraction avec un petit nombre de compagnons sérieux comme lui. »

— Tel a souvent été mon désir, dit Pekuah, et j'ai entendu la princesse déclarer qu'elle ne mourroit jamais de bonne volonté dans la foule. »

— La liberté d'user de plaisirs innocens, continua Imlac, est incontestable, mais il reste encore à examiner quels plaisirs sont innocens. Le mal d'aucun plaisir que Nekayah peut imaginer n'est dans l'acte lui-même, mais dans ses conséquences. Le plaisir par son innocence même, peut devenir dangereux, en nous rendant agréable un état que nous savons être passager et d'épreuve, et éloignant nos pensées de celui du commencement duquel chaque heure nous approche davantage, et à la fin duquel aucune force de tems ne nous amènera. La mortification n'est point une vertu en elle-même, et n'a d'autre usage que de nous dégager des attraits des sens. Dans l'état de perfection à venir, auquel nous aspirons tous, le plaisir y sera sans danger, et la sûreté sans obstacle. » La princesse garda le silence, et Rasselas, se tournant vers l'astronome, lui demanda s'il ne pouvoit différer la retraite de sa sœur, en lui montrant quelque chose qu'elle n'auroit pas encore vu.

« Votre curiosité, dit le philosophe, a été si générale et votre poursuite si vigoureuse, que les nouveautés ne sont pas maintenant fort aisées à trouver. Mais ce que les vivans ne peuvent plus vous procurer, les morts peuvent vous le donner. Parmi les merveilles de cette contrée sont les catacombes, ou anciens tombeaux, dans lesquels furent déposés les corps des générations les plus reculées, et où, par la vertu des gommes qui les embaumèrent, ils existent encore sans corruption. »

— Je ne sais, dit Rasselas, quel plaisir peut

offrir la vue des catacombes; mais, puisqu'il ne se présente rien de mieux, je suis résolu de les voir, et je mettrai ceci avec plusieurs autres choses que j'ai faites, parce que je voulois faire quelque chose. »

Ils louèrent une garde de cavaliers, et le lendemain visitèrent les catacombes. Quand ils furent pour descendre dans les caves sépulchrales : « Pekuah, dit la princesse, nous allons de nouveau envahir les habitations des morts; je sais que vous resterez derrière; que je vous trouve en sûreté, quand je reviendrai. »

— Non, dit Pekuah, je ne veux pas être laissée : je descendrai entre vous et le prince. »

Ils descendirent alors, et se promenèrent avec étonnement à travers le labyrinthe des passages souterrains, où les corps étoient rangés des deux côtés.

CHAPITRE XLVII.

Imlac discourt sur la nature de l'âme.

« Quelle raison, dit le prince, peut-on donner, pourquoi les égyptiens conservoient avec tant de frais ces squelettes que quelques nations brûlent, et que d'autres enterrent, et que toutes s'accordent à éloigner de leur vue, aussi-tôt que les funérailles honorables peuvent être faites. »

— L'origine d'anciennes coutumes, dit Imlac, est ordinairement inconnue ; car la pratique continue souvent quand la cause a cessé ; et par rapport aux cérémonies superstitieuses, il est inutile de conjecturer ; car ce que la raison ne commanda point, la raison ne peut l'expliquer. « J'ai long-tems cru que l'usage d'embaumer vient uniquement de la tendresse pour les restes de parens ou amis, et j'incline d'autant plus pour cette opinion, qu'il semble impossible que ce soin eût été général : si tous les morts avoient été embaumés, les tombeaux, avec le tems, auroient occupé plus d'espace que les demeures des vivans. Je suppose qu'il n'y avoit que les riches ou les honorables qui fussent gardés de la corruption, et que le reste étoit laissé au cours de la nature.

« Mais on suppose communément que les égyptiens croyoient que l'âme vivoit aussi long-tems que le corps résistoit à la dissolution, et essayoient par conséquent cette méthode d'échapper à la mort.

— Les sages égyptiens, dit Nekayah, pouvoient-ils avoir une opinion aussi grossière de l'âme ? Si l'âme pouvoit une fois survivre à sa séparation, que pouvoit-elle après cela recevoir ou souffrir du corps ? »

— Les Égyptiens pouvoient sans doute, dit l'astronome, avoir une opinion erronée, dans les ténèbres du paganisme, et à la première lueur de la philosophie. On dispute encore sur la nature de l'âme parmi toutes nos occasions de connoissance plus lumineuse : quelques-uns encore disent qu'elle peut être matérielle, tout en la croyant cependant immortelle. «

— Quelques-uns, répondit Imlac, ont en effet dit que l'âme est matérielle, mais je ne puis croire que cette opinion ait été celle d'un homme qui sut penser ; car toutes les conclusions de la raison établissent invinciblement l'immortalité de l'âme, et tous les avertissemens de la raison et toutes les recherches de la science concourent à prouver que la matière ne pense point.

» Jamais on ne supposa que la pensée est inhérente à la matière, ou que chaque particule est un être pensant ; cependant si chaque partie de matière est vide de pensée, quelle partie pouvons-nous supposer penser ? La matière ne peut différer de la matière qu'en forme, densité, volume, mouvement et
 direction

direction de mouvement : à laquelle de ces parties, quoique variées ou combinées, peut être annexée la pensée ? Etre rond ou carré, être solide ou fluide, être grand ou petit, être mu lentement ou rapidement, sont des modes d'existence matérielle, tous également éloignés de la nature de la pensée. Si la matière est une fois sans pensée, elle ne peut être faite que pour penser par quelque nouvelle modification, mais toutes les modifications qu'elle peut admettre sont également sans connexion avec les pouvoirs cogitatifs. »

— Mais les matérialistes, dit l'astronome, soutiennent que cette matière peut avoir des qualités que nous ne connoissons point. «

— Celui qui décidera, répondit Imlac, contre ce qu'il connoît, parcequ'il peut y avoir quelque chose qu'il ne connoît pas ; celui qui peut établir une possibilité hypothétique contre une certitude reconnue, ne doit point être admis parmi les êtres raisonnables. Tout ce que nous connoissons de la matière, c'est que la matière est lourde, insensible et inanimée ; et si cette conviction ne peut être combattue qu'en nous renvoyant à quelque chose que nous ne connoissons point, nous avons toute l'évidence que l'intelligence humaine peut admettre. Si ce qui est connu peut être dominé par ce qui est inconnu, personne, excepté celui qui sait tout, ne peut arriver à la vérité. »

— Cependant, dit l'astronome, ne limitons pas trop présomptueusement le pouvoir du Créateur. «

— Il n'y a point de limitation de toute-puissance, répliqua le poëte, pour supposer qu'une chose n'est pas compatible avec une autre, que la même proposition ne peut être à-la-fois vraie et fausse, que le même nombre ne peut être pair et impair, que la pensée ne peut être accordée à ce qui est créé incapable de penser. »

— Je ne sache pas, dit Nekayah, cette question d'aucun grand intérêt. Cette immatérialité que, selon moi, vous avez suffisamment prouvée, renferme-t-elle nécessairement la durée éternelle ? »

— Nos idées de l'immatérialité, dit Imlac, sont négatives, et par conséquent obscures. L'immatérialité semble renfermer un pouvoir naturel de perpétuelle durée comme une conséquence d'exemption de toutes causes de destruction : tout ce qui périt est détruit par la dissolution de sa contexture, et la séparation de ses parties ; que votre esprit possède l'idée d'une pyramide, cette idée qui n'adm aucune dissolution, ne peut être naturellement corrompue ou altérée. »

— Je ne sais, dit Rasselas, comment concevoir aucune chose sans extension ; ce qui est étendu doit avoir des parties, et vous accordez que tout ce qui a des parties peut être détruit. »

— Considérez vos propres conceptions répliqua Imlac, et la difficulté sera moindre. Vous trouverez la substance sans extension. Une forme idéale n'est pas moins réelle qu'une forme matérielle ; cependant une forme idéale n'a point d'extension. Il n'est pas moins cerain, quand vous pensez à une pyramide, bien que nous ne sachions comment concevoir ce qui n'a point de parties, que cette pyramide idéale existe. Quel espace l'idée d'une pyramide occupe-t-elle plus que l'idée d'un grain de bled ? ou comment l'une et l'autre idées peuvent-elles être divisées en parties ? Tel est l'effet telle est la cause ; telle est la pensée, tel est le pouvoir qui pense : un pouvoir impassible et indiscernable. »

— Mais l'Etre que je crains de nommer, dit Nekayah, l'Etre qui créa l'ame, peut la détruire. »

— Il peut assurément la détruire, répondit Imlac, puisque bien qu'impérissable, elle reçoit d'une nature supérieure son pouvoir de durée. Q'elle ne périra par aucune cause inhérente de destruction ou par aucun principe de corruption, la philosophie peut le démontrer; mais la philosophie ne peut dire plus. Qu'elle ne sera point anéantie par celui qui la créa, nous devons l'apprendre avec humilité d'une autorité plus grande. »

Toute l'assemblée resta un moment dans le silence et se recueillit.

« Quittons, dit Rasselas, cette scène de mortalité. Combien sombres seroient les demeures des morts pour celui qui ne sut point qu'il ne mourroit jamais ; que ce qui agit maintenant agira toujours, et que ce qui pense maintenant pensera à jamais. Ceux qui sont ici étendus devant nous, le sage et le puissant des tems anciens, nous avertissent de nous souvenir de la briéveté de notre état présent: ils furent peut-être violentés pendant qu'ils étoient occupés, comme nous, dans le choix de vie. »

— Pour moi, dit la princesse, le choix de vie est devenu moins important; j'espère désormais ne penser qu'au choix de l'éternité. »

Ils se hâtèrent alors de quitter les catacombes, et, sous la protection de leur garde, retournèrent au Caire.

CHAPITRE XLVIII.

Conclusion dans laquelle rien n'est conclu.

C'ÉTOIT alors le tems de l'inondation du Nil : peu de jours après leur visite aux tombeaux, le fleuve commença à gonfler.

Ils étoient confinés dans leur maison. Toute la contrée étant sous l'eau, ils ne purent faire aucunes excursions, et comme ils étoient fournis de matériaux pour la conversation, ils s'amusèrent à comparer les différentes manières de vie qu'ils avoient observées, et les différens plans de bonheur que chacun d'eux avoit formés.

Pekuah ne trouvoit point de lieu aussi charmant que le couvent de St. Antoine où l'arabe la rendit à la princesse, et n'avoit d'autre desir que de le remplir de filles pieuses, et d'être faite prieure de l'ordre : elle étoit fatiguée de l'espérance et du dégoût, et eût été ravie de se fixer dans quelque état invariable.

La princesse pensoit que, de toutes les choses sublunaires, la science étoit la meilleure. Elle desira d'abord apprendre toutes les sciences, et se proposa alors de fonder un collége de femmes savantes, dans lequel elle présideroit, afin que conversant avec l'ancienne et instruisant la jeune, elle pût partager son tems entre l'acquisition et la communication de la sagesse, et élever pour le siècle suivant des modèles de prudence et de piété.

Le prince desiroit un petit royaume dans lequel il pût administrer la justice par lui-même, et voir toutes les parties du gouvernement de ses propres yeux ; mais il ne put jamais fixer les limites de ses états, qui ajoutoient toujours au nombre de ses sujets.

Imlac et l'astronome se contentèrent d'être emportés sur le courant de la vie sans diriger leur course vers aucun port particulier.

De ces vœux qu'ils avoient formés, ils savoient bien qu'aucun ne pouvoit être accompli. Ils délibérèrent quelque tems sur ce qu'il falloit faire, et résolurent, quand l'inondation cesseroit, de retourner en Abissinie.

OUVRAGES NOUVEAUX

QUI SE TROUVENT CHEZ LE MÊME LIBRAIRE.

Nanine de Manchester, 3 vol. in-12, fig. 5 fr.

Honorine, ou mes Vingt-deux ans, 3 vol. in-12, fig. 5 fr.

L'Encyclopédie comique, suivie des rieurs anglais, 4 vol. in-12 fig. 7 fr.

Les Trois Moines, 3 vol. in-18 fig. 3 fr.

Les Capucins, 2 vol. in-18 fig. 2 fr.

Les Mœurs de Londres, 2 vol. in-18 fig. 2 fr.

Emilie de Tourville, 2 vol. in-18 fig. 2 fr.

Rencontres (les) au foyer Montansier, in-1 fig. 1 fr.

Nouvelles de J. Boccace, traduites par Mirabeau, 8 vol in-18 fig 10 fr.

Paris et ses curiosités, 1 vol. in-18 1 f. 50 c. Cartonné 2 fr.

Collection d'Ana, 16 vol. in-18 fig. 12 fr.

Chansonnier de l'amour, 1 vol. in-18 fig. 1 fr.

Les Satyres d'Young, traduites en vers français, 1 vol. in-12 fig. 1 f. 50 c.

Le Fantôme vivant, 1 vol. in-18 fig. 1 fr.

L'Incendie du Cap, ou le règne de Toussaint Louverture, 1 vol. in-12 fig. 1 f. 50 c.

Adèle de Montmorency, 2 vol. in-12 fig. 3 fr.

Le Fils du curé, 3 vol. in-12 fig. 5 fr.

Correspondance de Louis-Philippe-J. d'Orléans, 2 vol. in-18 2 fr.

Le Tableau comique, ou l'intérieur d'une troupe de comédiens, 1 vol. in-18 fig. 1 fr.

Règne de Richard III, traduit par Louis XVI, 1 vol. in-8° fig. 3 fr.

Mes premières Etourderies, 3 v. in-18 fig. 3 fr.

Caquire, parodie de Zaïre, 1 v. in-8° 1 f. 50 c.

Mémoires d'un fou, 2 vol. in-12 3 fr.

Mémoires de Ramel, 1 vol. in-8° 1 f. 50 c.

Œuvres de Berquin, 10 vol. in-12 fig. 25 fr.

La Rentière, 5 vol. in-12 6 fr.

Voyage en Espagne par Bourgoing, 3 vol. in-8° et atlas, 21 fr.

Guerre des Dieux, 1 vol. in-18 1 f. 20 c.

Collection des chansouniers, 6 vol. in-18 fig. 6 fr.

Œuvres de Boufflers, 1 vol. in-8° 5 fr. Vélin 10 fr.

Pauline de Ferrières, 3 vol. in-18 fig. 3 fr.

Collection des meilleurs auteurs français, 18 vol. in-32 22 fr. 50 c.

www.ingramcontent.com/pod-product-compliance
Lightning Source LLC
Chambersburg PA
CBHW051907160426
43198CB00012B/1787